ISBN 978-3-924335-93-9
Herausgeberin
Ingrid Zeunert
Lektorat
Ingrid Zeunert
Verlag Ingrid Zeunert
Postfach 14 07, 38504 Gifhorn
Hindenburgstraße 15, 38518 Gifhorn
Telefon: 0 53 71 35 42
Telefax: 0 53 71-1 51 14
Email: webmaster@zeunert.de
Internet: www.zeunert.de
Umsatzsteuer-ID: DE115235456

SHAGYA-ARABER
Es ist vorgesehen, dass in jedem Jahr zwei Bände dieser Buchreihe erscheinen.

Alle Rechte vorbehalten!
Copyright 2014 by Verlag Ingrid Zeunert

Die Beiträge von Mitarbeitern geben nicht unbedingt die Meinung der Herausgeberin wieder
Alle veröffentlichten Beiträge sind urheberrechtlich geschützt. Übersetzung, Nachdruck von Text und Bildern, Vervielfältigung auf fotomechanischem, digitalem oder ähnlichem Wege, Vortrag, Funk- und Fernsehsendungen sowie Speicherung in Datenverarbeitungsanlagen oder auf Datenträgern (auch auszugsweise) bleiben vorbehalten.
Alle Angaben ohne Gewähr. Der Verlag setzt bei allen Einsendungen voraus, dass die Autoren im Besitz der Veröffentlichungsrechte sind, auch gegenüber Dritten. Die Mitarbeit an dieser Reihe geschieht ehrenamtlich.
Text- und Bildbeiträge werden zur Herstellung der Buchreihe in Datenverarbeitungsanlagen gespeichert.
Eine Haftung der Autoren oder des Verlages und der vom ihm Beauftragten für Personen-, Sach- und Vermögensschäden ist ausgeschlossen.
Gedruckt bei
Druckhaus Harms
Martin-Luther-Weg 1, 29393 Groß Oesingen

ISG-Delegiertenversammlung 2013 in Reutlingen	2
ISG Europa-Championat 2013 in Marbach	10
Schaubilder beim ISG Europa-Championat 2013 in Marbach	30
Mez 215 Moldauerin, Gründerstute einer Stutenfamilie im Staatsgestüt Mezöhegyes	43
Mezöhegyes'sche Stutenfamilie 215	52
SHAGYA ARABER 25 Jahre alt	56
Die Shagya-Araber von Walter und Barbara Fahrnleitner	60
Nachruf auf Ulla Nyegaard	66
Wie ich Ulla Nyegaard erlebte	69
Steffi Laferl - eine Distanzreiterin auf Shagya-Arabern	72
Elitehengst Shaman v. Pamino a.d. Shalom IV	74
Die Shagya-Araber waren tolle Partner auf der Schleppjagd	78
Man traf sich 2013 in Wutzetz	82
Svetlozar Kastchiev * 1968 - † 2014	94
Saramour - vom Fohlen zum Elitehengst	96
Leopold Wögler * 1943 - † 2013	98
PShR-Inspection 6.-7.4.2013 in Illinois/USA	100
Kutschfahrt von Buxtehude/Immenbeck nach Bábolna	103
Mit Jährlingshengsten spielerisch arbeiten	106
Erfolgreiche Shagya-Araber-Zucht der Familie Ing. Rudolf Meindl	108
Sie weiden jetzt auf den immergrünen Weiden	114
Stalllaterne - Kurzberichte aus der Welt der Shagya-Araber	118

Titelfoto
Die Stute Soraya vom Gestüt Ing. Rudolf Meindl mit ihren Töchtern Saba, Sina und Scarlett.
Privatfoto

Foto auf der letzten Umschlagseite
Dr. Scabá Szilágyi reitet den Shagya-Araber-Hengst Kabu Khan beim Züchtertreffen 2013 in Wutzetz. Foto: Ingrid Zeunert

Lea Ernst und Bruno Furrer

ISG-Delegiertenversammlung 2013 in Reutlingen

Im Rahmen des ISG-Europachampionats im Haupt- und Landgestüt Marbach fand die diesjährige Delegiertenversammlung der ISG am 21.6.2013 um 17 Uhr im Fortuna-CITY-Hotel in Reutlingen statt. Nur wenige der inzwischen 19 korporierten Mitgliedsverbände haben gefehlt, und zahlreiche fördernde Mitglieder haben der Versammlung beigewohnt. Erfreulich ist, dass es sich die Mitglieder aus Übersee nicht nehmen lassen regelmässig dabei zu sein. Durch eine Simultanübersetzung englisch/deutsch und deutsch englisch war es mit Kopfhörern möglich, die Probleme allen Teilnehmern verständlich zu machen.

Der ISG-Vorsitzende, Herr Ahmed Al Samarraie, zeigte sich in seiner Begrüssung erfreut über das Interesse, das die Mitglieder der Delegiertenversammlung durch ihre Teilnahme bekundeten. Er bedankte sich bei den Organisatoren des diesjährigen Europachampionats, die Zuchtverbände ZSAA und VZAP, für ihre Mitarbeit. Erstmals in diesem Jahr konnten die neu erarbeiteten Stimmenverhältnisse zur Anwendung kommen. Die Stimmen werden neu nach den Fohlengeburten der letzten zwanzig Jahre berechnet.

Der Kassierer, Herr Diether von Kleist, konnte einen guten Jahresabschluss präsentieren. EUR 9.948,00 Einnahmen stehen EUR 8.186,98 Ausgaben gegenüber.

Am Vorstandstisch (v.l.) Diether von Kleist, Achmed Al Samarraie (Vorsitzender), Tamás Rombauer, Franz Hoppenberger und Dr. Walter Huber.   Alle Fotos aus Reutlingen von Wolfgang Zeunert

Blick in den Konferenzraum des Fotuna-City-Hotels während der Delegiertenversammlung 2013.

Das Vermögen der ISG hat am 1.1.2013 EUR 24.769,01 betragen.

Zu einem neuen Ehrenmitglied in der ISG wurde Frau Adele Furby ernannt. Das ist eine Anerkennung dafür, dass sie in den USA mit grossen Schwierigkeiten die Shagya-Araber-Rasse in das Land gebracht hat und einen von der ISG anerkannten Zuchtverband, die North American Shagya Arabian Society (NASS), gründete. Die ordentlichen Geschäfte waren im Übrigen zügig abgewickelt und der Vorstand wurde einstimmig entlastet. So konnte sich die Versammlung rasch den Anträgen um die drei Kommissionen widmen.

Anträge 1 bis 3

Anlässlich der Delegierten-Versammlung 2012 in Wien wurde die Reglementierung von verschiedenen wichtigen Aufgaben beschlossen, zu deren Erarbeitung auf der Delegierten-Versammlung 2010 in Radautz drei Kommissionen beauftragt worden waren. Die erarbeiteten Regeln sollen der Delegierten-Versammlung 2013 zur Diskussion und gegebenenfalls zur Abstimmung gebracht werden.

Frau Lea Ernst hat den Delegierten alle drei Anträge Punkt für Punkt erklärt. Die Anträge wurden diskutiert und Änderungswünsche angebracht. Sie sind zum besseren Verständnis jeweils am Schluss der hier vorgestellten Arbeiten der Arbeitsgruppen aufgeführt.

Antrag 1: Genehmigung der Arbeit der Kommission 1

Welche Bedingungen muss ein Verband erfüllen, wenn er ISG-Mitglied werden will?

1. Schriftlicher Antrag an den ISG-Vorstand.
2. Vorlegen der Zuchtbuchordnung im Sinne der ISG-Rahmen-Zuchtbuchordnung (RZBO).
3. Vorlegen des Stutbuches.

Jeder Reinzucht Shagya-Araber muss nebst dem Pferdepass einen Abstammungsnachweis seines Verbandes besitzen. Dieser Abstammungsnachweis ist für die Registrierung bei einem anderen Verband massgebend und somit vorzulegen.

Vorsitzender Achmed Al Samarraie gratuliert Adele Furby aus den USA zur ISG-Ehrenmitgliedschaft.

Ein Abstammungspapier muss nachstehende Angaben enthalten (zum Beispiel auf der Papier-Vorderseite):
1. Name, 2. Geburtsdatum, 3. Geburtsort, 4. Geschlecht, 5. Farbe und Signalement, 6. Rasse, 7. Lebensnummer/Stutbuchnummer/UELN, 8. Mikrochip-Nummer, 9. Name und Adresse des Züchters, 10. Name und Adresse des Besitzers.
11. Folgende Laborergebnisse müssen, wo vorhanden, aufgeführt werden: DNA-Profil und Abstammungsbegutachtung, SCID und CA. Nachträglich sind auf einem vorzusehenden Feld einzutragen: 1. Zuchtanerkennungen und Leistungsprüfungen sowie deren Absolvierungsdatum, 2. Besitzerwechsel, 3. Registrierungen in weiteren Stutbüchern, 4. Brände.

Fünf-Generationen-Pedigree (z. Beispiel auf der Papier-Rückseite) müssen enthalten:
Name, Geburtsjahr, Geburtsort, Rasse.
In den ersten drei Generationen, Farbe, Lebensnummer/Stutbuchnummer/UELN.

ISG-Richtlinien
zur Erstellung von Stutbüchern
1. Die Zuchtbuchordnung muss der Rahmenzuchtbuchordnung der ISG entsprechen.
2. Die Abstammungen der eingetragenen Pferde müssen korrekt aufgeführt und in die richtigen, von der ISG vorgegebenen Abteilungen, eingetragen sein.
3. Die Angaben zu den aufgeführten Pferden müssen vollständig sein und den Vorgaben der Zuchtbuchordnung entsprechen.
4. Folgende Angaben sind zwingend in einem Stutbuch enthalten:
a) Name. b) Geburtsdatum. c) Geburtsort. d) Geschlecht. e) Farbe. f) Rasse. g) Masse. h) Mikrochip-Nummer. i) Name und Adresse Züchter. k) Zuchtanerkennungen und Leistungsprüfungen sowie deren Absolvierungsdatum. l) Nachkommen aller in der Zucht stehenden Zuchtpferde. m) Erst- und Zweitnamen (Namensänderungen) sind aufzuführen. n) Die Stutbuch-Nummern und die Namen der Verbände der bereits in andern Stutbüchern eingetragenen Shagya-Araber sind aufzuführen. o) DNA-Profil und Abstammungsbegutachtung sind, wo vorhanden, aufzuführen. p) SCID und CA sind, wo vorhanden, aufzuführen. q) Die üblichen Angaben wie Besitzer, Nationale (Signalement), Brände sowie Hengststämme

Der Vortrag des Vorstandes wird mit Interesse verfolgt.

und Stutenfamilien sind aufzuführen. r) Fünf-Generationen Pedigree enthaltend: Name, Geburtsjahr, Geburtsort, Rasse. In den ersten drei Generationen. Farbe. Lebensnummer/Stutbuchnummer/UELN.

Wie sollen gedruckte oder elektronische Stutbücher aussehen?
Gedruckte/elektronische Stutbücher sollen die oben erwähnten Daten enthalten. Bei öffentlichem Zugang (Internet), können elektronische Stutbücher gedruckte ersetzen.

Eine Datenbank für alle ISG-Verbände
Eine Datenbank, in welcher alle Daten der Shagya-Araber aus allen ISG-Mitgliedsorganisationen gesammelt werden, ist erstrebenswert. Das Sammeln der Daten auf einer gemeinsamen Datenbank hat verschiedene Vorteile. So kann zum Beispiel der tatsächliche Bestand ermittelt werden (angenommener Antrag 1 der Delegierten-Versammlung in Wien), und Pedigrees können über diese Datenbank von der ISG sowohl gesammelt als auch gecheckt/verifiziert werden (angenommener Antrag 2 der Delegierten-Versammlung in Wien).

Die Verbände müssen nicht mit ein und demselben Managementsystem arbeiten. Jede Organisation sucht ihr eigenes System für die Stutbuchführung aus. Das vorhandene Managementsystem wird den Verbänden zur Erleichterung ihrer Arbeit angeboten.

Alle Verbände haben sich damit einverstanden erklärt, die Daten der neu registrierten Pferde einmal jährlich an eine gemeinsame Datenbank zu melden.

Erarbeitung von Mitteln zum Erhalt der wertvollen Eigenschaften des Shagya-Araber im Sinne der RZBO, um die Transparenz weltweit zu fördern und die Reinzucht sicher zu stellen
An der ISG-Delegierten-Versammlung 2012 wurde einstimmig beschlossen, was der obgenannten Forderung entspricht: Um sicher zu sein, dass ein Shagya-Araber auch wirklich ein Shagya-Araber gemäss Rahmen-Zuchtbuchordnung der ISG ist, wird beschlossen, dass jeder nationale Verband jährlich eine »Liste der neuaufgenommenen Pferde/Fohlen« erstellt. Gemäss ISG-Satzung ist der Zweck der Vereinigung (§ 2, Absatz 1) die Koordination der Shagya-Araber-Zucht in den angeschlossenen

Ländern unter Gesichtspunkten des Zuchtzieles und der Erhaltung der Reinzucht sowie die Förderung der Shagya-Araber-Rasse. Die »Liste der neu aufgenommenen Pferde/ Fohlen« kommt der Forderung der ISG-Satzung entgegen. Die Liste soll bis zum Ende des Monat Februar des nachfolgenden Jahres an den ISG-Vorstand geliefert werden, sie soll wie folgt erstellt werden.

Ingrid Zeunert, Dorle Huber, Dr. Walter Huber und Claudia Brodesser in angeregter Diskussion.

Beispiel: Shagya-Araberverband der Schweiz SAVS, Bewegungen 2010, Fohlen
Bayan, 2010, CH-Rohr, Olten, H - CH-ShA/5/10,ShA, braun, Vater: Bahadur, 1991, CH-Himmelried, H – CH-ShA/5/91, ShA, Rappe, Vaterstamm: Gazlan db 1852. Mutter: Alhena, 1987, CH-Neunforn, S - CH-ShAV/1/87, AV, Schimmel, Stutenfamilie Milordka geb. 1810. Equidenpass: 21.07.2010 durch SAVS.
Bella Vista, 2010, CH-Lanzenneunforn, S – CH-ShA/10/10, ShA, dunkelbraun, Vater: 3926 O›Bajan XVIII-1 (Báb), 1997, Bábolna, H - ShA, braun; Vaterstamm: O›Bajan db 1885. Mutter: Holló, 2003, H-Regöly, S - CH-ShA/12/03, ShA, braun; Stutenfamilie: 638 Moldauerin, geb. 1790, Bukowina; Equidenpass: 22.11.2010 durch SAVS.
Diskussion zu Antrag 1
Die Vorschläge der Arbeitsgruppe 1 wurden grösstenteils sehr gut aufgenommen. Das Thema Vereinheitlichung des Abstammungspapiers wurde als einziger Punkt genauer besprochen. Die Vergangenheit hat gezeigt, dass Handlungsbedarf besteht. Generell sind alle Verbände dieser Vereinheitlichung gegenüber positiv eingestellt.
Die Punkte welche zu längeren Diskussionen führten waren einerseits die Angabe des Geburtsortes und andererseits die Angabe der UELN auf dem Abstammungspapier. Ebenfalls diskutiert wurde über den Punkt Laborergebnisse.
Zum Geburtsort des Pferdes: Einige Verbände verwenden hier nicht den Geburtsort des Pferdes, sondern den Wohnort des Züchters. In der Diskussion konnte zu diesem Thema keine Einigung erzielt werden, so dass man wohl beide Alternativen gelten lassen kann. Also Geburtsort Pferd/Wohnort Züchter.
Die UELN ist eine universelle Nummer, welche eigentlich jedes Pferd hat. Die Realität sieht jedoch immer noch anders aus. Auch ist es bis heute nicht jedem Mitgliedsverband möglich die UELN für die Pferde auszustellen. Einige Verbände bekommen diese Nummern von staatlichen Behörden zugewiesen, einige Verbände bzw. Länder sind noch überhaupt nicht auf den UELN-Zug aufgesprungen. Es gab in der Diskussion einige Stimmen, welche anstatt der Herdebuchnummern oder Lebensnummern der Verbände nur mehr die UELN forderten. Auch wenn dies eines Tages möglich sein wird und die ISG dies sicher anstrebt, so ist es trotzdem zum jetzigen Zeitpunkt unsinnig eine Regelung zu schaffen, welcher noch nicht jeder Verband nachkommen kann.
Zum Punkt 11 Laborergebnisse
Schon vor einiger Zeit wurde in einer ISG-Delegiertenversammlung beschlossen, dass alle Zuchtpferde genotypisiert werden, und dass eine Abstammungsbegutachtung durchge-

führt werden muss, sobald ein Tier zur Zucht zugelassen werden soll. Natürlich funktioniert dies nicht bei älteren Pferden, deren Eltern bereits tot sind. Bei den jungen Zuchtanwärtern besteht dieses Problem aber normalerweise nicht. Die Diskussion zeigte, dass sich einige Verbände dieser Pflicht nicht wirklich bewusst waren. Es wurde nochmals an alle appelliert, diese Aufgabe ernst zu nehmen und ihr nachzukommen. Die Arbeitsgruppe hat die DNA-Genotypisierung, Abstammungskontrolle und weitere Laborergebnisse, wie SCID- oder CA-Untersuchungen in den gleichen Punkt genommen. Dies funktioniert nicht, da nur DNA und Abstammungskontrolle eine Pflicht sind. Es ist also wünschenswert einen weiteren Punkt 12 aufzuführen: Ein Abstammungsschein muss ein Feld reservieren, damit mögliche Labortests aufgeführt werden können. Dies macht Sinn, da einige Verbände obligatorisch auf gewisse Erbkrankheiten testen lassen. Die ISG hat daraus aber keine Pflicht für alle Verbände gemacht.

Die Angesprochenen Punkte werden überarbeitet und dann dem Vorstand zur erneuten Diskussion vorgelegt.

Antrag 2: Genehmigung der Arbeit der Kommission 2
– Richterliste, Aktualisierung und Erweiterung.
– Regelung der Richtertätigkeit.
– Aus- und Weiterbildung von Richtern für die Rasse des Shagya-Arabers.
– Erstellen von Schaureglementen, besonders Vorgaben zur Ausrichtung von ISG-Europachampionaten.
– Erarbeitung von Regeln nach ECAHO-Muster. Mitgliedschaft bei der ECAHO?

Vorschläge zur Beantwortung der Themen in der ISG-Arbeitsgruppe 2: Richterliste, Aktualisierung und Erweiterung
Nachwuchsrichter werden als Kandidaten aufgenommen, wenn sie an einem Richterseminar teilgenommen haben und mit Zertifikat abgeschlossen haben. Wenn sie anschliessend erfolgreich an drei Shagya-Araberschauen als Hilfsrichter mitgewirkt haben, können sie als offizielle Richter auf der ISG-Richterliste aufgeführt werden.

Die ISG ist verpflichtet regelmässig Richterseminare und Beurteilungslehrgänge zu organisieren.

Mareike Placke zwischen den österreichischen Delegierten Ing. Rudolf Meindl (l.) und Dr. Peter Zechner.

Organisation eines ISG-Europachampionats
Den Originaltext finden man in der Einladung zur Delegiertenversammlung 2013 oder im Internet unter www.shagya-ch-infos

Diskussion zu Antrag 2
Der Delegiertenkonferenz wurde ein Muster einer Europachampionats-Ausschreibung vorgelegt. Die Verbände sind an dieses Muster nicht gebunden. Es soll vor allem noch unerfahrenen Verbänden eine Stütze für die Organisation grösserer Events sein und auf die geltenden Regeln hinweisen.

Zum Thema Richtertätigkeit wurde sehr viel Material gesammelt und den Anwesenden vorgelegt. Für einige waren diese Dokumente überraschenderweise neu, dabei existieren sie seit geraumer Zeit. Das korrekte Richten von Shagya-Arabern ist in einem Merkblatt und in

Klaudia und Joana Al Samarraie assistierten auf der Delegierterkonferenz.

Vorträgen bereits sehr genau beschrieben. Wer schon an ISG-Richterseminaren teilgenommen hat wird einige dieser Merkblätter kennen. Das Organisieren von Richterseminaren liegt in der Hoheit der ISG und soll von dieser in regelmässigen Abständen durchgeführt werden.

**Antrag 3: Genehmigung
der Auflösung der Kommission 3**

Werbung und Marketing für den Shagya-Araber weltweit, Image des Shagya-Arabers, Neue Strukturen für die Homepage www.shagya-araber.info, Werbemittel, Sponsoring, Präsentationen zum Beispiel an Ausstellungen, Anwerbung von fördernden Mitgliedern für die ISG, – Der ISG-Vorstand muss einen Automatismus erarbeiten, damit offizielle Briefe von Mitgliedverbänden zeitgerecht beantwortet werden.

Die aufgelisteten Themen sind inzwischen hinfällig oder in Arbeit. Die Arbeitsgruppe 3 kann aufgelöst werden.

Die Diskussion zu Antrag 3

Es wurde den Anwesenden eine Palette von Werbemitteln präsentiert (Schlüsselanhänger, Pin, Anstecknadeln, Autoaufkleber und vieles mehr), welche grossen Anklang fand.

Die Homepage der ISG wird zur Zeit überarbeitet, um alsbald in neuem frischem Kleid aufzutreten.

Künftig sollen mehr fördernde Mitglieder gewonnen werden.

Durch die Schaffung des Sekretariats der ISG wurde ein Automatismus erarbeitet, damit Anfragen von Verbänden termingerecht bearbeitet werden können. Der Sekretär der ISG, Herr Bruno Furrer, erledigt diese Aufgabe bereits seit einiger Zeit gewissenhaft zu allgemeiner Zufriedenheit.

Linda Rudolphi aus den USA trug mit gezielten Fragen zur Diskussion bei.

Als einer der weltweit größten Araberzuchtverbände betreut der VZAP alle arabischen Rassen, die vor allem eines gemeinsam haben: *Flair*

Leistungspotential mit arabischem

Arabisches Vollblut
Eine der ältesten und schönsten Pferderassen der Welt.
Sein Charakter macht ihn zum idealen Partner für Sport und Freizeit.

Shagya-Araber
Ob vor dem Wagen oder unter dem Sattel, der Shagya-Araber ist ein arabisches Sportpferd, das seit über 200 Jahren in Reinzucht gezogen wird.

Anglo-Araber
Im ihm sind die Stärken des Eng-lischen und Arabischen Vollblutes vereint. Er ist ein Sportpferd mit großem Leistungspotential.

Arabisch Partbred
Die Kombination von arabischen Pferden mit anderen Rassen. Ziel dieser Zuchtidee ist ein deutlich arabisiertes Reitpferd mit sport-lichem Anspruch.

VERBAND DER ZÜCHTER UND FREUNDE DES ARABISCHEN PFERDES E.V.

Im Kanaleck 10 • 30926 Seelze OT Lohnde • Tel. 05137 - 938 20 - 0 @ info@vzap.org
Infos und Verkaufspferde unter www.vzap.org

Ingrid Zeunert

ISG Europa-Championat 2013

Die Internationale Shagya-Araber-Gesellschaft konnte 2013 auf ein dreißigjähriges Bestehen zurückblicken. Aus diesem Anlass wurde zum Internationalen-Championat vom 21. bis 23.6.2013 in das Haupt- und Landgestüt Marbach eingeladen. Der ISG gehören zur Zeit siebzehn Länder an. Zum Championat kamen Pferde aus zehn Ländern. Die weiteste Reise mussten die Shagya-Araber aus Rumänien zurücklegen. Aber auch für viele andere Teilnehmer waren die Wege nicht gerade kurz. Da schon einige Teilnehmer am 20.6.2013 mit den Pferden unterwegs waren, kamen sie auch noch in ein gerade nicht angenehmes Unwetter.

Am 21.6.2913 hatte sich das Wetter beruhigt, und das Championat am 23.6.2013 lief ohne Regen manchmal sogar mit Sonnenschein ab. Das Haupt- und Landgestüt Marbach mit dem berühmten Stutenbrunnen und seiner besonderen Ausstrahlung hat einen schönen Rahmen für die Schau abgegeben. Meine Erinnerungen an einen besonderen Besuch im Jahr 1970 in Marbach wurde wieder wach. Hier hatte ich beschlossen, meinen Traum von einem Araber wahr werden zu lassen. 1971 wurde

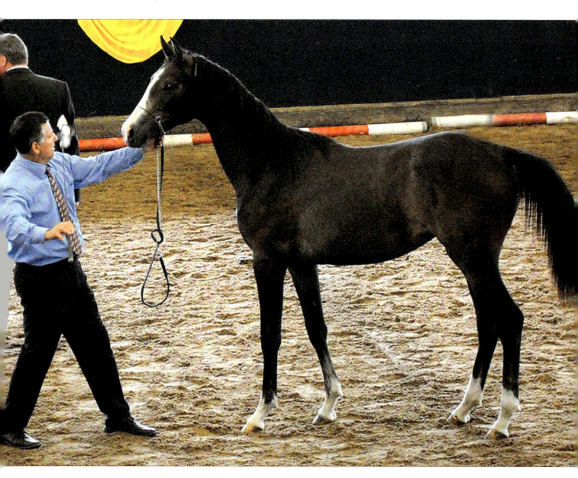

Klasse 1: Siegerin O'Bajan-232 (Sina). Foto: Veronique Gibaud.

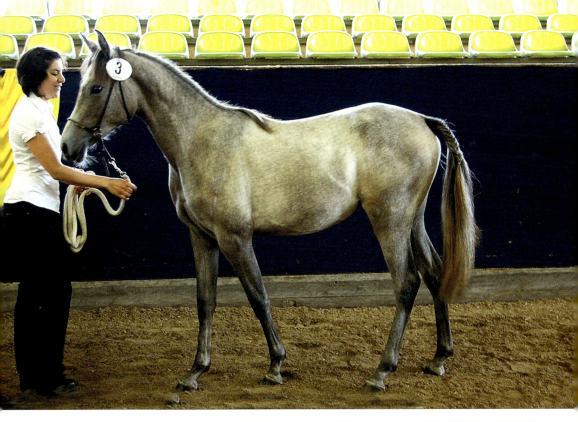

Klasse 1: Zweitplazierte Shadiia al Samarra.
Soweit nichts anderes vermerkt stammen die Fotos zu diesem Bericht von Ingrid Zeunert

es dann aber kein Vollblutaraber, sondern ein Shagya-Araber-Stutfohlen.
Das ISG Europa-Championat war in 12 Klassen vom Jährling bis 11-jährig und älter unterteilt. Insgesamt waren 73 Pferde gemeldet.
Als Richter fungierten Frau Adele Furby (USA) und die Herren Bruno Furrer (Schweiz), Michal Horny (Direktor in Topolcianky, Slowakei), Támas Rombauer (Ungarn) und als Reserverichter Svetlozar Katchiev (Direkter des Staatsgestüt Kabiuk, Bulgarien). Vorab möchten wir allen Richter Dank aussprechen, denn es war nicht immer einfach, den Pferden wirklich gerecht zu werden.

Klasse 1: Jährlingsstuten (4 Teilnehmer)
Siegerin: O'Bajan-232 (Sina) geb. 10.4.2012 v. Odin (v. Omar) a.d. Soraya-60 v. Raon. Züchter und Besitzer: Ing. Rudolf Meindl, Österreich. Für ihr Alter ist Sina schon sehr groß, hat eine schöne Halsung, im Typ etwas herb, aber die Bewegungen im Trab waren sehr gut. Note: 51,67
Den zweiten Platz belegte Shadiia al Samarra geb. 14.3.2012 v. Komet a.d. Shagyra v. Shagyr. Züchter: Ahmed Al Samarraie. Besitzer: Klaudia Al Samarraie. Diese Jährlingstute hat einen schönen arabischen Typ mit großem Auge. Ein raumgreifender, gelassener Schritt zeichnete sie aus. Note: 51,33

**Klasse 2: Jährlingshengste
(2 gemeldet, 1 Teilnehmer)**
Saklawi I-218 (Ghayatan) geb. 28.5.2012 v. Geydan a.d. Timina v. Magdan AV. Er führt Arabisches Vollblut auf Vater- und auf der Mutterseite. Für seinen Typ erhielt er daher auch zweimal die 9 und einmal die 8. Gleiche Noten bekam er für den Kopf. Züchter und Besitzer dieses charmanten Jünglings ist Johann Rogowiecki, Österreich. Die Note 53,67

Klasse 3: Zweijährige Stuten (5 Teilnehmer)
Siegerin: Saklawi I-124 (Gahwary) geb. 7.3.2011 v. Geydan a.d. Gazmene v. Gazmel. Züchter und Besitzer: Familie Hemmer, Österreich. Dieser Zweijährigen hat Geydan viel Typ, ein schönes Gesicht und eine gute Halsung mitgegeben. Gazmene sorgte für einen guten Körper,

Klasse 2: *Sieger Saklawi I-218 (Ghayatan).*

auch die Bewegungen dieser gefälligen Stute sind gut. Eine Bereicherung für die Zucht der Familie Hemmer. Note: 54,00

Die Zweite dieser Klasse Saklawi I-126 (Bahri'sha) geb. 27.6.2011 eine Fuchsstute v. Geydan a.d. S.A. Bandia v. Gazal XI-1. Züchter: M. Reinwald, Österreich, Besitzer: Mehraad Sadegfham, Österreich. Bei dieser Stute waren die Richter mit den Noten oft weit auseinander. Für den Kopf gab es eine 9 und dann die 7, der Schritt, gleichmäßig und gelassen, der Trab energisch, aber etwas flach. Note: 51,33

Klasse 4: Zweijährige Hengste (4 Teilnehmer)

Sieger: Saklawi I-125 (El Gazi) geb. 28.5.2011 v. Geydan a.d. Timina v. Magdan AV. El Gazi ist auch sehr typvoll, mit schwungvollen Bewegungen. Er erhielt für Typ und Kopf die gleichen Noten wie sein Vollbruder Saklawi I-218 (Ghayatan) der Sieger in Klasse 2 war. Geydan vererbt seinen Nachkommen nicht nur guten Typ sondern auch einen liebenswerten Charakter. Züchter und Besitzer: Johann Rogowiecki, Österreich. Note: 54,00

Zweiter der Klasse war der noch sehr jugendlich wirkende Ahil Ibn Shaman v. Shaman (Elite) a.d. Ameerah v. Pegasus III. Züchter und Besitzer: Regina Mäder Schmid. Er könnte einmal die Nachfolge von seinem Vater Shaman (Elite) antreten. Für Typ und Trab zogen alle Richter die Note 8. Der Körperbau, wie oft bei zweijährigen, noch nicht geschlossen. Bewegungen taktrein mit viel Raumgriff. Er ist sehr von seinem Vater Shaman (Elite) geprägt. Note: 53,33

Klasse 5: Dreijährige Stuten (7 Teilnehmer)

Siegerin: Shagya VI-1, geb. 19.2.2010 v. Shagya VI (v. Shagal) a.d. 253 Kemir V. Züchter u. Besitzer: Bábolna, Ungarn. Eine typvolle Stute mit gutem Körper, schöner Halsung, Schritt mit Raumgriff, der Trab energisch und federnd. Die Richter gaben für diesen Trab eine 9. Für die Zucht ist diese Stute sicher eine Bereicherung für das Gestüt Bábolna. Note: 58,33.

Zweite in dieser guten Klasse war Shagya-063 (Scarlett), geb. 7.9.2010 v. Sahman (v. Shagan v. Shagal) a.d. Soraya-60 v. Raon. Züchter u. Besitzer: Ing. Rudolf Meindl, Österreich. Über ihren Vater ist Scarlett mit der Siegerin verwandt. Diese Stute steht mehr im Reitpferde Typ. Ihr Hals ist gut angesetzt, schön getragen und perfekt in den Widerrist übergehend. Bewegungen im Schritt etwas knapp, aber mit energischen Trab gut unter den Schwerpunkt tretend. Eine Stute mit Zukunft für Zucht und Sport. Note: 57,00

Klasse 6: Dreijährige Hengste (4 Teilnehm.)
Sieger: Shagya VI-3, geb. 11.5.2010 v. Shagya VI (v. Shagal) a.d. 263 Gazal XVII. Züchter u. Besitzer: Bábolna, Ungarn. Auch bei diesem Hengst ist Shagal der Großvater. Shagya VI-3 hat für Typ, Kopf, und Hals jeweils die Note 9 erhalten. Seine Bewegungen waren etwas wenig, was wohl eher an dem Vorführer lag. Note: 58,33
Zweiter wurde der mächtige Schimmel Shyro, geb. 17.4.2010, v. Shagil (Shagya VI-5) v. Shagya VI a. d. Thegla v. Bazar. Züchter u. Besitzer Carin u. Udo Weiß, Deutschland. Man mag es kaum glauben aber Shagal ist auch hier der Urgroßvater. Shyro erhielt hohe Noten für Typ (3x8) und Kopf (1x9,2x8). Er punktete auch mit seinen besonders guten Bewegungen in Schritt und Trab. Note: 55,33

Klasse 7: Vier- bis sechsjährige Stuten (11 Teilnehmer)
Siegerin: Saiide al Samarra. geb. 31.3.2008, v. Komet a.d. Shagyra v. Shagyr. Züchter u. Besitzer: Ahmed Al Samarraie. Eine Charmante Stute mit großem Auge, wunderschönem Gesicht. Sie strahlte Gelassenheit aus. Ihre Bewegungen waren taktrein und raumgreifend ihr besonders guter Schritt brachte den Sieg. So gelassen wünscht man sich Shagya-Araber Mutterstuten. Note: 58,67
Zweite: O'Bajan Basa-3 geb. 11.3.2008 v. O'Bajan Basa v. O'Bajan XXIII (Basco) a.d. 273 Gazal XIX v. Gazal XIX (Paris). Züchter und Besitzer: Bábolna, Ungarn. Ein schöner Kopf gut angesetzter Hals, Schulter etwas steil, mit korrektem Fundament. Leider hat der Vorführer sie wie eine Vollblüter präsentiert. Der Hochgezogene Kopf war für die Stute nicht sehr vorteilhaft. Trotzdem erhielt sie für den Kopf (3x9)

Klasse 3: Siegerin: Saklawi I-124 (Gahwary).

Klasse 3: Zweitplazierte Saklawi I-126 (Bahri'sha)

und Hals (1x8-2x9). Note: 58,67
**Klasse 8: Vier bis sechsjährige Hengst
(7 Teilnehmer)**Sieger: Mathies geb. 12.5.2008 v. Mersuch XIX-68 (Muzulman) a.d. Tigra v. Ramiro. Züchter und Besitzer: Holger Stoischek, Deutschland. Sehr männliches Gesicht, schön getragener Hals, starkes Fundament. Leider hat er seinen guten Schritt nicht gezeigt. Der Trab ist taktrein und raumgreifend. Ein beeindruckender Hengst der auch im Fahrsport eingesetzt wird. In seinem Pedigree findet man Pferde aus Radautz, Bábolna, Topolcianky und Mangalia. Alle Möglichkeiten für die Zucht! Note: 57,00
Zweiter: Kemir VI-3 geb. 13.2.2008 v. Kemir VI a.d. 164 Gazal XI. Züchter und Besitzer: Bábolna, Ungarn. Ein typvoller Hengst. Gute Schulter aber mit leicht ausgestellter Hinterhand. Bewegungen im Trab gut, im Schritt knapp. Note: 56,67
**Klasse 9: Sieben bis zehnjährige Stuten
(8 Teilnehmer)**
Siegerin: Shagana geb. 12.5.2003 v. Shagan a.d. Shagya LVI-29 v. Shagya LVI. Züchter und Besitzer: Mohamed Moukles-Maaz, Bulgarien.

Elegante Stute mit schön getragenem Hals, zauberhaftem Gesicht mit großem ausdrucksvollen Auge. Man sieht ihr an, das sie viel geritten wird. Sicher wäre diese charmante Stute auch in der Zucht eine Perle. Note: 54,33
Zweite: Simsalabim geb. 16.4.2006 v. Monsun a.d. Santana II v. Gadar. Züchter und Besitzer: Mareike Placke, Deutschland. Typvolle, rahmige Stute, mit guter Sattellage. Aufmerksamen Auge. Bewegungen im Trab waren etwas flach, der Schritt aber gut unter den Körper getreten. Als Reitpferd bereits auch gegen Warmblüter sehr erfolgreich. Note: 53,00
**Klasse 10: sieben bis zehnjährige Hengste
(8 Teilnehmer)**Sieger: O'Bajan XXII-3, geb. 25.4.2003 v. O'Bajan XXII (Csillag) v. Pamino a.d. 253 Kemir V. Züchter und Besitzer Bábolna, Ungarn. Für diesen schönen braunen Hengst gab es hohe Noten, für den Typ einmal sogar die 10. Eine weitere 10 vergab ein anderer Richter für den Kopf. Dieser typvolle Hengst konnte sich auch sehr gut bewegen. Die Halsung erinnerte stark an seinen Großvater Pamino. Note: 58,33
Zweiter: Gazal-697 (Trojan) geb. 13.4.2006 v. Tibor (Elite) a.d. Samoa v. Mir Khan AV. Züchter

Klasse 4: *Sieger Saklawi I-125 (El Gazi)*

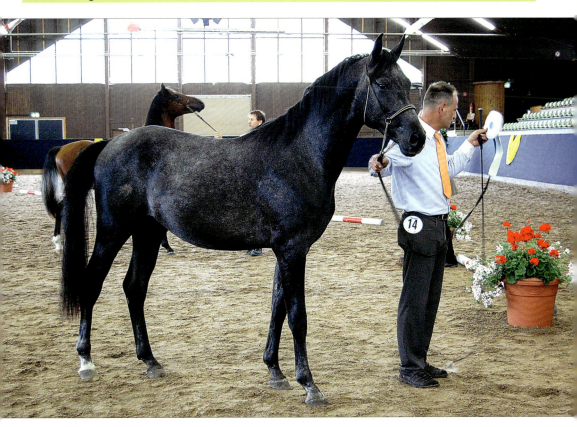

Klasse 4: *Zweitplazierter Ahil Ibn Shaman.*

Klasse 5: Siegerin Shagya VI-1.

und Besitzer: Monika u. Peter Großschedl, Österreich. Dieser Hengst hat viel Typ, einen sehr schönen Kopf mit großem Auge. Gut angesetzter Hals, harmonischer Körper. Schritt etwas wenig, aber sehr raumgreifender, schwebender Trab. Note: 57,00

Klasse 11: Elfjährige und ältere Stuten (5 Teilnehmer)

Siegerin: Tigra geb. 9.5.2000 v. Ramiro v. Hadban XVI-8 a.d. Tifla v. Titan. Züchter: A. Thelen, Deutschland. Besitzer: Holger Stoischek, Deutschland.

Eine Mutterstute wie man sie nur selten zu sehen bekommt. Überragend schöner Kopf (3x10), mit großen ruhigem, mütterlichen Auge. Der Typ (3x9) wie es besser kaum geht, dafür hätte es ruhig auch die 10 geben können. Gelassener, raumgreifender Schritt gut unter den Körper tretend. Trab etwas flach aber sehr taktrein. Eine hervorragende Stute. In der Zucht hat Tigra mit ihrem Sohn Mathies schon von sich reden gemacht. Die Stute geht auch sicher im Zweispänner.
Note: 60,33

Zweite: 263 Gazal XVII geb. 28.1.1999 v. Gazal XVII v. Balaton a.d. 157 Farag II v. Farag II AV. Züchter und Besitzer: Bábolna, Ungarn.

Eine sehr schöne Forellenschimmelstute mit ansprechendem Gesicht, gut angesetzter Hals, schön getragen in der Bewegung. Der Trab war schwebend mit gutem Raumgriff. Note: 58,67

Klasse 12: Elfjährige und ältere Hengste (4 Teilnehmer)

Sieger: Lenkoran, geb. 30.6.2001 v. Pegasus III a.d. Bint Moneefa v. Navarra. Züchter: Helmut Schopf, Deutschland. Besitzer: Karl Wenninger, Deutschland.

Dieser imposante, lackschwarze Hengst, wurde im Typ, Kopf und Hals von den Richtern mit der Note 9 ausgezeichnet. Kompakter Körper mit guten Fundament. Der etwas aufgeregt Hengst, zeigte seine guten Gänge leider nicht. Note: 57,67

Zweiter: Shagil (Shagya VI-5) geb. 24.2.2001 v. Shagya VI v. Shagal a.d. 176 Majesta v. Egmont. Züchter: Bábolna, Ungarn. Besitzer: Carin u. Udo Weiß, Deutschland. Dieser große Hengst ist sehr harmonisch und verfügt über viel Typ. Schön getragener Hals. Gute Sattellage. Korrekter, gelassener Schritt. Note: 56,00

Klasse 5: *Zweitplazierte Shagya-063 (Scarlett).*

Die Championate

Junioren-Championat-Stuten:
22 Shagya VI-1, Züchter und Besitzer: Nationalgestüt Bábolna, Ungarn.
Reserve-Championat:
Saklawi I-124 (Gahwary), Züchter und Besitzer: Familie Hemmer, Österreich.
Junioren-Championat-Hengste:
Shagya VI-3, Züchter und Besitzer: Nationalgestüt Bábolna, Ungarn.
Reserve-Championat:
Saklawi I-125 (El Gazi), Züchter und Besitzer: Johann Rogowiecki, Österreich.
Senioren-Championat-Stuten:
Tigra, Züchter: A. Thelen, Besitzer: Holger Stoischek, Deutschland.
Reserve-Championat:
263 Gazal XVII, Züchter und Besitzer: Nationalgestüt Bábolna, Ungarn.
Senioren-Championat-Hengste:
O'Bajan XXII-3, Züchter und Besitzer: Nationalgestüt Bábolna, Ungarn.
Reserve-Championat:
Mathies, Züchter und Besitzer: Holger Stoischek, Deutschland.
Bestes Pferd der Schau:
Tigra, geb. 2000 v. Ramiro aus der Tifla.

»Shagya-Araber« im Internet:
www.zeunert.de

Klasse 6: *Sieger Shagya VI-3.*

Klasse 6: *Zweitplazierter Shyro.*

Klasse 7: Siegerin Saiide al Samarra.

Klasse 7: Zweitplazierte O'Bajan Basa-3.

Klasse 8: Sieger Mathies.

Klasse 8: Zweitplazierter Kemir VI-8.

Klasse 9: *Siegerin Shagana.*

Klasse 9: *Zweitplazierte Simsalabim.*

Klasse 10: Sieger O'Bajan XXII-3.

Klasse 10: Zweitplazierter Gazal-697 (Trojan).

Klasse 11: *Siegerin Tigra.*

Klasse 11: *Zweitplazierte 263 Gazal XVII.*

Klasse 12: *Sieger Lenkoran.*

Klasse 12: *Zweitplazierter Shagil.*

Reserve: Saklawi I-124 (Gahwary).

Reserve Saklawi I-124 (Gahwary) und **Siegerstute** 22 Shagya VI-1 (rechts).

Junioren-Hengst-Championat: Die Richter bei der Auswahl.

Reservesieger: Saklawi I-125 (El Gazi).

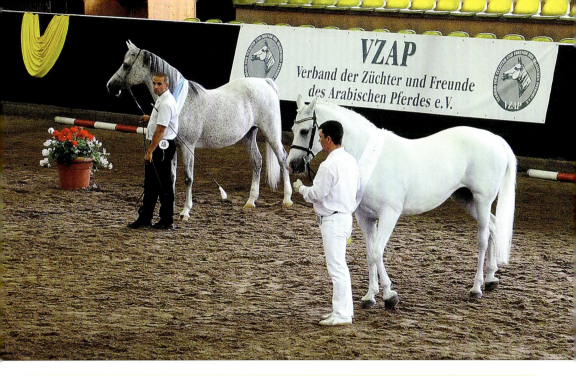

Senioren-Stuten-Championat: Rechts **Siegerin** Tigra und links **Reserve** 263 Gazal XVII.

Senioren-Throughes Tigra (rechts) und **Junioren-Championes** 22 Shagya VI-1 (links).

Shagya-Araber

Senioren-Hengst-Championat: *Sieger O'Bajan XXII-3 (Bábolna)*

Senioren-Hengst-Championat: *Reserve Mathies (Deutschland)*

Österreichischer Araber-Zuchtverband

5230 Mattighofen ÖSTERREICH
Postfach 72

Tel. und Fax: 07744/66398
Email: araber-zuchtverband@aon.at

Deckhengste und Verkaufspferde:
www.araber-zuchtverband.com

Ingrid Zeunert

Schaubilder beim ISG Europa-Championat 2013 in Marbach

Die Schaubilder waren leider nicht in einem Block zusammengestellt worden. Beispielsweise kamen in der Mittagspause oder gegen Abend plötzlich gerittene Pferde in die Halle, leider auch oft ohne Kommentar. Wem Reiter und Pferde nicht bekannt waren, konnte nur raten. Wie schön wäre es gewesen, die durchaus guten Schaubilder nacheinander zu sehen. Die Namen von Pferd und jeweiligem Reiter oder Fahrer zu erfahren hätte den Teilnehmern sicher gut getan. Die nachstehende Reihenfolge ist frei gewählt.

Eröffnet wurden die Schaubilder mit der Flaggenparade. Diese wurde von Dr. Walter Huber mit seiner Shagana angeführt. Es war schon nicht einfach so viele Reiter/Pferd-Paarungen zusammen zu bekommen.

Der Shagya-Araber-Hengst Mathies im Besitz und gezogen von Herrn Holger Stoischek wurde von seinem Ausbilder, Herrn Karl-Heinz Finkler, im Einspänner gekonnt in allen Gangarten gezeigt.

Leider nicht in der Halle, sondern nur am Abend beim Training, sah man die beiden Stu-

Dr. Walter Huber auf Shagana führte die Flaggenparade an.

Mathies v. Mersuch XIX-68 a.d. Tigra gefahren von Karl Heinz Finkler.

ten Tigra, die spätere Championatstute, und Medina im Zweispänner. Beide Stuten sind im Besitz von Herrn Stoischek. Gefahren wurden die Zwei von Herrn Diethelm Schaarschmidt.

Dressur Vorführungen zeigten die Shagya-Araber-Hengste Banderas unter Monika Seufert, und Shagil bei seinem letzten Auftritt. Er wurde sehr fein von Diana Bieber geritten. Aus Marbach kam der Vollblutaraber Said mit einer jungen Bereiterin. Said zeigte beeindruckend, dass auch Vollblutaraber unter dem Sattel wunderschön sind.

Die Westernreiter waren mit zwei Pferden vertreten. Der Wallach Obsidian, Reiterin Diana Bieber, war schon oft auf Turnieren erfolgreich. Hier zeigte er mehrere Aufgaben aus den Klassen Reining und Trail. Der Hengst D'Amour, Reiter Dr. Martin Pauli, der ihn auch ausgebildet hat, war gelassen und hat sehr gut mitgearbeitet.

Der Distanzsport wurde durch den Shagya-Araber-Hengst Olymp mit seiner Reiterin Klaudia Al Samarraie vertreten. Olymp wurde von den Stuten Saiide und Shadiia der Familie Al Samarraie und seinen Sohn Odin von Frau Carmen Bergmann an der Hand von Hans Jörg Radandt begleitet.

Die Volti-Kinder von Frau Katrin Märkle zeigten auf dem Shagya-Araber-Hengst Athos KM was sie schon alles gelernt haben. Es war beachtenswert, wie dieser Hengst die Kinder ruhig auf sich geduldet hat. Den Kindern machte es ganz große Freude sich vor Publikum zeigen zu können.

Etwas Besonderes war die Vorstellung des Vollblutaraberhengstes Nahdmi AV. Das Vertrauen zu seinem Ausbilder, Herrn Obersattelmeister Horst Köhler, war groß, denn das Hinlegen mögen Pferde nicht so gern. Steigen auf Kommando machte Nahdmi AV ganz gekonnt. Man merkte ihm an, das diese Übung nichts Neues für ihn war.

Den Besitzern der Pferde und den Reiten sowie dem Haupt- und Landgestüt Marbach sei recht herzlich gedankt für den Aufwand und die Mühe, die Sie sich gemacht haben.

Die Stuten Medina (r.) und Tigra gefahren beim Training von Herrn Diethelm Schaarschmidt.

Die Gesamtsiegerin der ISG Schau 2013 Tigra mit Stallgefährtin Medina. Fahrer: Herr Diethelm Schaarschmidt. Beifahrer: Herr Holger Stoischek, der Besitzer der Stuten.   Fotos (2): Karin Klee

Banderas unter Monika Seufert.

Shagil, fein geritten von Inga Bliese.

Der Vollblutaraber Said AV wurde von einer Bereiterin des Haupt- u. Landgestüts Marbach vorgestellt.

Said AV, geb. 1999 v. Pamir I a.d. Sadana v. Saher, hat die HLP mit 105,75 Punkten abgelegt.

Obsidian unter Diana Bieber.

Obsidian und Diana Bieber beim Ansatz zum Spinn..

Shagya-Araber Hengst D'Amour unter Dr. Martin Pauli.

D'Amour wartet geduldig, bis sein Reiter das Stangen L gelegt hat.

Der auf langen Distanzen erfolgreiche Olymp wurde von Klaudia Al Samarraie geritten.

Von links gesehen die Stuten Saiide, Shadiia und der Hengst Odin.

Athos KM als Voltipferd für ganz junge Kinder.

Der Galopp machte der jungen Reiterin auf Athos KM besonders viel Spaß.

Frage an Frau Märkle, haben wir alles richtig gemacht? Athos KM meint, ihr wart richtig gut!

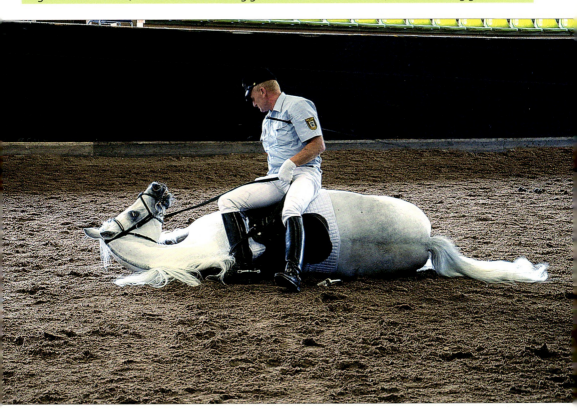
Freiheitsdressur: Nahdmi AV hat zum Ausbilder Obersattelmeister Horst Köhler großes Vertrauen.

Auch im Sitzen trägt Nahdmi seinen Ausbilder Obersattelmeister Horst Köhler.

Steigen liegt Nahdmi. Er verlässt sich ganz auf seinen Ausbilder.

Saramour

23.05.1995
Elite-u.Prämienhengst
Adel und Leistung pur !
Siegerhengst 2000 in Alsfeld
Goldmedaillie der FN
HLP 2002 in Kreuth

Gestüt "Im Weidig"
Claudia Brodesser-Bretzfeld
Fon 09733 4217/Fax 09733 1722

Nicht nur sein arabisches Flair, auch seine Leistung überzeugt.
Beides gibt er an seine Kinder weiter.

www.gestuet-im-weidig.de
Kontact:webmaster@gestuet-im-weidig.de

Josef Weiß

Mez. 215 Moldauerin, Gründerin einer Stutenfamilie im Staatsgestüt Mezöhegyes

Richtigstellung der Gründerstute:
Mez. 215 Moldauerin, Fuchs, geb. 1784 Radautz.
Die derzeitige Version lautet: Mez. 215 Moldauerin, braun, 1782 Rad.

Was mir auffiel
Bei der Durchsicht der Stutbücher in Mezöhegyes suchte ich nach der Stute Mez. 375 Superbo, Fuchs, geboren 1793 in Mezöhegyes. Sie war als Tochter der Mez. 215 Moldauerin registriert.
Als ich die Seite der Mez. 215 Moldauerin aufschlug, standen zwei Stuten mit dem gleichen Namen aufgelistet.
Sie hatten lediglich verschiedene Farben und andere Geburtsjahre. So wurde ich neugierig und überlegte, welche die tatsächliche Gründerin dieser Familie ist.

Altes Stutbuch vom Staatsgestüt Mezöhegyes. Foto: Josef Weiß

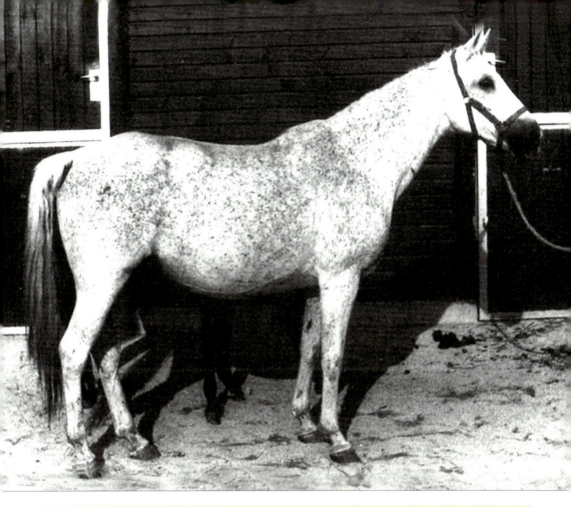

Suleima hatte in drei Ländern unterschiedliche Stutbuchnamen.   Foto: Dr. Fritz Grammatzki

Daten aus dem Stutbuch
1. Die Stute Mez. 215 Moldauerin braun, geb. 1782 Radautz: Diese Stute wird in allen mir bekannten Aufzeichnungen und Niederschriften über diese Familie als Gründerstute angeführt. Ihr wurde jedoch immer die Fuchsfarbe zugesprochen, obwohl sie eine braune Jacke getragen hat. Sie wurde von 1787 bis 1789 im Gestüt Mezöhegyes zur Zucht verwendet und im Februar 1789 abgegeben.
2. Die Stute Mez. 215 Moldauerin Fuchs, geb. 1784 Radautz: Diese Pepinierestute wurde von 1792 bis 1797 im Gestüt Mezöhegyes zur Zucht verwendet und im März 1798 ist sie ungestanden (so steht es geschrieben).
Von dem Militärgestüt aus der Bukowina wurden unter anderen zwei nennenswerte Großlieferungen an das Gestüt Mezöhegyes durchgeführt. So gingen bei der Gründung des Staatsgestütes Mezöhegyes und auch zu einem späteren Zeitpunkt noch einmal mehrere hundert Stuten auf die Reise vom Militärgestüt Bukowina (Radautz) nach Mezöhegyes. Fast alle diese Stuten wurden unter dem Namen »Moldauerin« im Stutbuch von Mezöhegyes registriert, und sie haben selbstverständlich auch eine Stut- oder Zuchtbuchnummer bekommen.

Schlussfolgerungen
Die zur Zeit geführte Gründerstute 215 Moldauerin braun geb. 1782 wurde drei Jahre von 1787 bis 1789 zur Zucht verwendet. Die nächste Generation mit der Nummer 375 und dem Namen »Superbo« Fuchs, geb. 1793, kann nicht die Tochter der Stute (215 Moldauerin braun geb. 1782) sein, weil diese 1793 nicht mehr im Gestüt war.
Es muss daher die Fuchsstute 215 Moldauerin,

Samia, Tochter der Sulaima.   Foto: Dr. Fritz Grammatzki

welche 1784 geboren ist und sechs Jahre (von 1792 bis 1797) als Pepinierestute zur Zucht verwendet wurde, die Mutter der Mez. 375 Superbo Fuchs 1793 sein.

Seit dieser Feststellung ist es mir ein Bedürfnis, diese Berichtigung zu veröffentlichen. Leider haderte ich immer wieder mit meinem Gewissen, denn es könnte sich ja der Verursacher dieser bereits festgefahrenen Fehlinformation beleidigt fühlen. Da mir diese Person jedoch unbekannt ist, entschloss ich mich diesen Schritt zu machen. Diese Angelegenheit liegt zwar schon lange Zeit zurück, und so manche Diskussionspartner/in würde vielleicht sagen: Hier handelt es sich ja nur um eine Kleinigkeit. Andere werden vielleicht meinen: Diese Sache ist durch so viele Jahre schon so dokumentiert, was ändert eine Korrektur überhaupt? Eine weitere Gruppe wird unter Umständen den Standpunkt vertreten: Bei solch einer Menge von Daten, die wir über unsere Shagya–Araber-Rasse gesammelt haben, spielen doch zwei Jahre Unterschied bei der Angabe eines Geburtsdatums überhaupt keine Rolle, vor allem nach dieser langen Zeitspanne. Auf unsere Pferde hat das doch heute auch keinen Einfluss mehr.

Ich vertrete jedoch die Meinung, dass jede mögliche Berichtigung von falsch angegeben Daten nach ihrer beweisbaren Grundlage durchzuführen ist. Meiner Ansicht nach gehe ich davon aus, dass jeder nach bestem Wissen und Gewissen handelt. Wir sind alle nur Menschen und dadurch von keinem Irrtum ausgenommen.

Ich erlaube mir anhand des Fotos »Mez. Stb. 2001 675« meine Feststellung zu dokumentieren: Im Stutbuch Nr.: I des Gestütes Mezöhegyes sind von Nummer 1 bis 333 alle Pepinierestuten registriert. In diesem Zuchtbuch kann man unter anderem nachlesen, dass jede Nummer mehrfach vergeben wurde. Bei der Stutbuchnummer 215 gab es gleich zu Beginn zwei Zuchtstuten die den gleichen Namen hatten, und zwar »Moldauerin«. Es handelt sich schließlich ja auch nur um ein anderes Pferd! Die Familie gibt es meines Wissens im ungarischen Staatsgestüt Bábolna, in der ungari-

Oben: Shagal. Seine Mutter ist die 48 Siglavy-Bagdady VI.
  Foto: Marianne Schwöbel

Unten: Ramiro. Seine Mutter ist Resanda.
  Foto: Bildreport Wagner/ Archiv Irene Stassen

schen Landeszucht, Rumänien, Dänemark, Deutschland, Frankreich, Schweiz, Italien, Norwegen, Österreich, Kanada, USA, Venezuela und Kolumbien.

Stuten, die wichtige Säulen ihrer Familie wurden

Die Stute »Bab. 160 Siglavy Bagdady-17« (Schimmel, geboren am 15. März 1906 in Bábolna) hat vom »Bab. Shagya XVII« (Schimmel, geboren am 23. Februar 1903 in Radautz) am 14. Februar 1919 ihr Erstlingsfohlen in Bábolna geboren. Dieses Schimmelhengstfohlen (Shagya XVII-??) wurde der »Rum. Shagya XX« und gilt als Begründer der großen Linie des »Bab. Shagya XVII« in Rumänien,

und er ist natürlich auch ein würdiger Vertreter seiner Familie, der »Mez. 215 Moldauerin« (Fuchs, geboren 1784 im Militärgestüt in der Bukowina) also im Gestüt Radautz. Der »Rum. Shagya XX« war ein überaus bedeutender Pepiniere, der in keinem Fall unerwähnt bleiben darf, obwohl dieser Artikel der Weiblichkeit, also der Familie gewidmet ist.

Über ihre Töchter, der »Bab. 91 Shagya XVIII«, Schimmel,

geboren 1914 in Bábolna, der »Bab. 167 Kranach«, Schimmel, geboren 1915 in Bábolna, und der »Bab. 72 Shagya XVI«, Schimmel, geboren 1922 in Bábolna, hinterließ sie einige Juwelen, durch welche ihre Familie weiter verbreitet wurde.

Über die Stute »Bab. 36 Gazal VII-13«, Schimmel, geboren am 02. April 1958 in Bábolna, kam die Familie nach Dänemark und Deutschland. In Dänemark wurde die Stute unter den Namen »DK 22 Gazal VII-13« im Stutbuch registriert und in Deutschland unter den Namen »Suleima« mit der Stutbuchnummer DShA 3002 geführt. Die züchterisch enorm genutzte, sehr erfolgreiche Stute brachte in vierzehn Zuchtjahren acht Stutfohlen und fünf Hengstfohlen, eher sie 1981 zu ihren Ahnen auf die immergrünen Weiden ging.

Aus der Anpaarung einer DK 22 Gazal VII-13 Tochter, der »DK 48 Siglavy Bagdady VI«, DK-ShA 0068, Schimmel, geboren am 26. Juni 1969 in DK Gestüt Barthahus mit dem »Dk Shagya I« (H Shagya XXXVI-11) DKShA 0061, Schimmel, geboren 1961 in Bábolna, entstand der Hengst »Shagal« DShA 3798 08-40180-76 Schimmel, geboren 1976 in Dänemark. „Shagal", gezüchtet von Ulla Nyegaard, machte hauptsächlich in Deutschland seine Karriere. Er meisterte seine Leistungsprüfung 1985 im deutschen Münster-Handorf und wurde im selben Jahr in Darmstadt-Kranichstein, auch in Deutschland, gekört.

In Bábolna deckte er 1994 unter der Pepinierenummer III, also »Bab. Shagya III«, was ihm sehr großen Ruhm einbrachte. »Shagal« war auch ein Vertreter der Linie des »Bab. Shagya XVII«, über den Ast des »Bab. Shagya XXXVI«. Er ist nach mehrfachen Wechsel seiner Zuchtstätte 2004 gestorben. Ich bezeichne ihn als würdigen Repräsentant seiner Familie, stufe ihn aber als noch bedeutenderen Vertreter seiner Linie ein. Als Produkt einer Privatzucht gebührt seiner Züchterin Ulla Nyegaard großes Lob und sehr viel Dankbarkeit seitens der Shagya-Araber Gemeinschaft.

Mit ihren sieben Schwestern bildete die »DK 48 Siglavy Bagdady VI« eine breite Basis in ihrer Familie, der »Mez. 215 Moldauerin«, Fuchs, geboren 1784 im Militärgestüt in der Bukowina (Gestüt Radautz).

Im Gestüt Bábolna brachte die Stute »Bab. 76 Shagya XLIII«, Schimmel, geboren 1974 in Bábolna, unter anderem, den Hauptbeschäler »Bab. Gazal XVIII« (XIII-19), Schimmel, geboren am 21.05.1995 im Ungarischen Staatsgestüt Bábolna hervor.

Siegerstute Damietta auf einer Schau in Neustadt/Dosse.
Foto: Marianne Schwöbel

Er ist traditionell in der ungarischen Zuchtweise gezogen und frei von ägyptischem Arabervollblut.

Die in Deutschland gezogene Stute „Samirah" DShA 3651 08-40152-80, braun, geboren am 26.2.1980 D, hatte mehrere Nachkommen mit verschiedenen Hengsten. Mit »Zoltan« brachte sie die braune Stute »Safaha«, DShA 3985, 08-40449-86, geboren am 23.04.1986 D und mit »Jussuf I« (VII-4) brachte sie die Schimmelstute »Saba«, 08-41325-89, geboren am 27.08.1989 D, also zwei Shagya–Araber Stuten. Die Anglo-Araber Stute ist für unsere Zucht nicht mehr interessant, wobei die sportlichen Erfolge erwähnenswert sind.

Für die Stutenfamilie weniger bedeutend, brachte sie mit dem braunen Hengst »Radautz«, den Hengst »Raon« DShA 3950 ÖShA liz. 101, AT-205-7108-85, braun, 06.04.1985 D, der sich als eines der bedeutenden Springtalente in unserer Zucht hervorgetan hat. Eine besondere Freude für mich ist, dass »Raon« zur Linie des Radautzer »Shagya X« gehört. Diese verläuft über Topolcianky und ist heute dort wieder aktiv und bildet hoffentlich eine dauernde Bleibe. »Raon« wurde zu einem sehr wichtigen Vatertier, der diese bereits schmale Hengstlinie wieder stärker belebte und verbreitete.

Somit kommt auch seine Familie, die »Mez. 215 Moldauerin« Fuchs 1784, geboren in Radautz, mehr in die Öffentlichkeit.

Die braune, stichelhaarige Stute »Resanda« DShA 3407, von Christa Reisgies gezogen, geboren am 12.03.1977, ist die Mutter von »Ramiro«. Der deutsche Hengst »Ramiro« DShA 4412, 08-40611-92, Schimmel, geboren am 07.04.1992 in Blankenheim, von »Hadban XVI-8« DShA 2232, Schimmel, geboren 1969 im rumänischen Staatsgestüt Mangalia, war 1994 Körungssieger in Vechta. Die Züchter von Ramiro sind Irene Stassen und Andreas Thelen, Gestüt Itzenbacher Hof. Seine Leistungsprüfung legte Ramiro 1997 in Marbach mit 105,36 Punkten ab. Er ist dem Hadbanstamm zuzuordnen, welcher von Bábolna aus mit dem Originalaraber Schimmelhengst »HADBAN«, geboren 1891, sein Dasein in unserer Zucht startete. Ramiro's Zweig endet mit der sechsten Generation (Rum. Hadban XVI) in Rumänien und ist mit »Hadban XVI-8« nach Deutschland gekommen.

Das Wichtigste für unsere jetzigen Aufzeichnungen ist aber, dass »Ramiro« einer der männlichen Vertreter seiner Stutenfamilie ist. Er zeigt durch seine Leistungen die reiterlichen und sportlichen Möglichkeiten, die auch in den Genen dieser Familie enthalten sind.

Die Prämienstute »Damietta« DShA 08-41133-95, Schimmel, geboren am 07.05.1995 D. Ströhen, im Gestüt von Holger Ismar, von dem Vollblutaraber »DIAGRAM« DAV 2238, Fuchs, geboren am 17.03.1980 in Michalow, aus der »Sharia« DShA 4493, Schimmel, geboren 18.03.1983 in Barthahus in Dänemark, ist die Mutter des gekörten Hengstes »Baikal«.

Der Zuchthengst »Baikal« DShA 08-40220-01, Schimmel, geboren am 23.03.2001 in Kähnsdorf, von »Bazar« DShA 4003, 08-40598-86, Schimmel, geboren am 20.04.1986 in Waabs D.

Emir el Shah'ab. Seine Mutter ist Sahbel.
Foto: Marianne Schwöbel

gehört zum Stamm »Bab. O'BAJAN or.ar.« Rappe 1881 und zur Familie »Mez. 215 Moldauerin« 1784 Radautz. Bei jedem seiner Auftritte zeigt »Baikal«, welche Energie und welches Gangvermögen durch seine Stutenfamilie und dem deutschen Paradezweig des O'Bajan Stammes, vorhanden ist.

Baikal's Großmutter mütterlicher Seite, die Stute »Sharia« DShA 4493, lässt in ihrer Ahnentafel eine sehr interessante und seltene Inzucht ihrer Stutenfamilie in der zweiten und dritten Generation erkennen. Sharia's Großmutter mütterlicher Seite und Sharia's Urgroßmutter väterlicher Seite, aber die Großmutter mütterliche Seite ihres Vaters, sind ein und die selbe

Baikal ist der gekörte Sohn von Damietta.   Foto: Betty Finke

Stute. Es handelt sich um die »DK. 22 Gazal VII-13«, die schon im zweiten Absatz der wichtigsten Säulen dieser Familie angeführt ist. Mit dieser Stute fanden in drei verschiedenen Staaten, mit je einem unterschiedlichen Namen, Zuchtanpaarungen statt. In Ungarn, im Staatsgestüt Bábolna, kam sie unter den Namen »Bab. 36 Gazal VII-13« in das Zuchtbuch. In Dänemark, im Gestüt Barthahus, wurde sie als »DK. 22 Gazal VII-13« registriert, und in Deutschland gab man ihr den Namen »Suleima« mit der Zuchtbuchnummer 3002 (DShA 3002).

Da die beiden im Pedigree aufscheinenden Töchter »DK. 48 Siglavy Bagdady VI« DKShA 0068 und »DK. 56 Shagieh« DShA 00120 in Dänemark gezüchtet wurden, sollte der zur Zeit der Zeugung geltende Name der Mutter verwendet werden.

Ebenso ist im Pedigree von »Salazar S« eine Inzucht auf die Stutenfamilie festzustellen, und zwar in diesem Fall in der dritten und vierten Generation.

Hier könnte man auch schon nur mehr von einem Blutanschluss auf die Familie sprechen. »Salazar S« DShA 3404, Schimmel, geboren am 24.07.2004 in Wutzetz, von »Shagan« DShA 4105, Schimmel, geboren am 17.03.1988 in Düsseldorf, aus der »Sahbel« DShA 3909, Schimmel, geboren am 03.05.1985 in Tating, gehört samt seinem Vater zum Stamm »Bab. SHAGYA or.ar« Schimmel 1830. Die Inzucht bzw. der Blutanschluss trifft wieder auf die Stute »DK. 22 Gazal VII-13« (namensmäßig), weil die beiden Töchter, »DK. 48 Siglavy Bagdady VI« und »Samia« DShA 3309 (DK. Siglavy Bagdady VI-3 Tochter) in Dänemark gezüchtet wurden. In dieser Situation ist die betroffene Stute wieder die »DK 22 Gazal VII-13«, jedoch einmal mütterlicher Seite die Urgroßmutter, also die mütterliche Großmutter mütterlicher Seite und einmal die Ururgroßmutter väterlicher Seite, also die Großmutter mütterlicher Seite vom Großvater väterlicher Seite.

So könnten noch einige Beispiele mehr von hervorzuhebenden Stuten nennenswerten Hengste dieser Familie erfolgen, doch es geht hier ja nur um die Korrektur der Gründerstuten und nicht um die gesamten Stutenbestand.

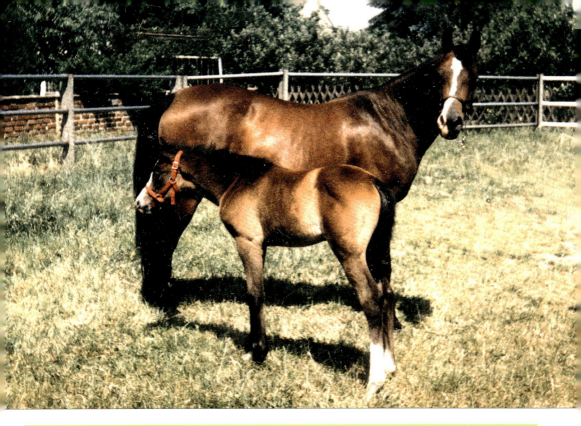
Resanda mit Fohlen Hadbah II.   Foto: Irene Stassen

Hadbah II als ausgewachsene Stute.   Foto: Erwin Escher

Sahbel ist Stammstute im Gestüt Orgis. Foto: Irene Noll

Shanel, Tochter der Sahbel, mit Hengstfohlen bei Fuß. Foto: Verena Orgis

Salazar S von Shagan a.d. Sahbel. *Foto: Josef Weiß*

Pedigree Salazar S

Shagan 4105 1988 D. Sh Sch 1988	Shagal 1976 DK. Ar Sch 1976	Dk.Sh.I 1961 Bab. Ar Sch 1961	Bab.Sh.XXXVI 1948 Ba Ar Sch 1948	Bab.Sh.XXXII 1922 Ba Ar Sch 1922
				Bab.154 Sh.XXV 1933B Ar Sch 1933
			Bab.91 Sigl.X 1951 B Ar Sch 1951	Bab.Sigl.X 1943 Bab. Ar R 1943
				Bab.187 Gaza.II 1936 Ar Sch 1936
		Dk.48 SB.VI 1968 DK. Ar Sch 1969	Dk.SB.VI AV 1949 Bab Ar Sch 1949	Bab.SB.V AV 1939 Bab AV Sch 1939
				Bab.250 KUH.HAIFI I AV F 1941
			Dk.22 Gaza.VII-13 58 Ar Sch 1958	Bab.Gaza.VII 1944 Ba Ar Sch 1944
				Bab.315 Sh.XXXI 1944 Ar Sch 1944
	Shydra 3616 1975 Bab Ar Sch 1975	Bab.Sh.XLIV 1962 Bab Ar Sch 1962	Bab.Sh.XXXVI 1948 Ba Ar Sch 1948	Bab.Sh.XXXII 1922 Ba Ar Sch 1922
				Bab.154 Sh.XXV 1933B Ar Sch 1933
			Bab.91 Sigl.X 1951 B Ar Sch 1951	Bab.Sigl.X 1943 Bab. Ar R 1943
				Bab.187 Gaza.II 1936 Ar Sch 1936
		Bab.1 Koh.XI 1967 Ba Ar F 1967	Bab.Koh.XI 1955 Bab. Ar Sch 1955	Bab.Koh.X 1940 Bab. Ar Sch 1940
				Bab.242 KZ.AV 1941 B AV br 1941
			Bab.21 KZ.I-4 1951 B Ar Sch 1951	Bab.KZ.I AV 1939 Bab AV Sch 1939
				Bab.253 Kuh.Haifi I Ar Sch 1940
Sahbel 3909 1985 D. Sh Sch 1985	Bajar DShA 1009 1969 Ar Sch 1969	Suakim DShA 1161 63D Ar Sch 1963	Sultan DShA 1045 37H Ar Sch 1937	Bab.O'B.VII 1923 Bab Ar Sch 1923
				Bab.82 Sh.XXII 1927B Ar Sch 1927
			Gama DShA 1011 1946P Ar Sch 1946	Pl.LANDSKNECHT AV 27 AV br 1927
				Pl.Ipomea 1927 Pl.Ja Ar Sch 1927
		Gazelle DShA 1138 61 Ar Sch 1961	Sultan DShA 1045 37H Ar Sch 1937	Bab.O'B.VII 1923 Bab Ar Sch 1923
				Bab.82 Sh.XXII 1927B Ar Sch 1927
			Gama DShA 1011 1946P Ar Sch 1946	Pl.LANDSKNECHT AV 27 AV br 1927
				Pl.Ipomea 1927 Pl.Ja Ar Sch 1927
	Samia DShA 3309 1975 Ar br 1975	Dk.SB.VI-3 1968 Bab. Ar Sch 1968	Bab.SB.VI AV 1949 Ba AV Sch 1949	Bab.SB.V AV 1939 Bab AV Sch 1939
				Bab.250 KUH.HAIFI I AV F 1941
			Bab.58 Sh.XXXVI 1960 Ar Sch 1960	Bab.Sh.XXXVI 1948 Ba Ar Sch 1948
				Bab.288 O'B.X 1950 B Ar br 1950
		Dk.22 Gaza.VII-13 58 Ar Sch 1958	Bab.Gaza.VII 1944 Ba Ar Sch 1944	Bab.Gaza.II 1922 Bab Ar Sch 1922
				Bab.129 Sh.XXV-10 33 Ar Sch 1933
			Bab.315 Sh.XXXI 1944 Ar Sch 1944	Bab.Sh.XXXI 1926 Bab Ar Sch 1926
				Bab.115 Sh.XXII 1929 Ar Sch 1929

Josef Weiß

Mezöhegyes'sche Stutenfamilie 215 (Auszug)

Mez. 215 Moldauerin Fuchs 1784 Rad., gekauft im Militärgestüt Bukowina
Mez. 1792 bis 1797, 1798 umgestanden

  Mez. 375 Superbo Fuchs **1793** Mez.
    Mez. 590 Sapiente Schimmel **1801** Mez.
      Mez. 231 Comissario braun 28.4.**1816** Mez. Mez. 1820 bis 1833, verk.
        Mez. 608 Koheil III braun **1825** Mez.
          Mez. 398 Nonius II braun **1830** Mez.
            Mez. 643 Abugress I braun **1841** Mez.
              Bab. 602 Abugress III braun **1860** Mez.
                Bab. 97 Jussuf braun 24.1.**1877** Bab. 154-163-
                  v. Bab. JUSSUF AV braun 1869 Bab.
                  Bab. 97 Gazlan Shagya-7 Schimmel 7.4.**1894** Bab. 152-161-
                    Bab. 160 Siglavy Bagdady-17 Schimmel 15.3.**1906** Bab. 153-
                    162- v. Bab. SIGLAVY BAGDADY OA Schimmel **1895**
                    ♂ Bab. Shagya XVII-?? Schimmel 14.02.1919 Bab.
                    = Rum. Shagya XX
                    Bab. 91 Shagya XVIII Schimmel **1914** Bab.
                    Bab. 167 Kranach Schimmel **1915** Bab.
                      v. Bab. Kranach EV Fuchs 1899
                    Bab. 48 Shagya XVII Schimmel **1919** Bab.
                      Bab. 148 O'Bajan VII Schimmel **1934** Bab.
                        Bab. 79 Shagya XXVII Schimmel **1943** Bab.
                          Bab. 113 Siglavy IX Schimmel **1948** Bab.
                        Bab. 87 Gazal III Schimmel **1946** Bab.
                          Bab. 66 Shagya XXXIX Schimmel 24.8.**1961** Bab.
                      Bab. 174 Shagya XXXII Schimmel **1950** Bab.
                    Bab. 52 Shagya XXXIII Schimmel **1953** Bab.
                Bab. 72 Shagya XVI Schimmel **1922** Bab.
              Bab. 40 Siglavy Bagdady-8 Schimmel 21.2.**1907** Bab. 152-161-179-19,5
              v. Bab. SIGLAVY BAGDADY OA Sch. 1895
            Bab. 196 Shagya XVIII Schimmel **1913** Bab.
            Bab. 54 Shagya XVII Schimmel **1919** Bab.
            Bab. 35 Shagya XX Schimmel **1923** Bab.
              Bab. 135 Gazal II Schimmel **1933** Bab.
                Bab. 98 Shagya XXXII Schimmel **1946** Bab.
                  Bab. 60 Koheilan X Schimmel **1956** Bab.
                    Bab. 68 Gazal VII-4 ÖShA 99 Schimmel 27.4.**1964** Bab.
                      Bab. 76 Shagya XLIII Schimmel **1974** Bab.
                        Bab. 182 Shagya XLIX Schimmel 21.1.**1991** Bab.
                          ♂ Bab. Gazal XVIII (H 3727 Gazal XIII-10)
                        Schimmel 21.5.1995 Bab.

Bab. 78 Siglavy Bagady VI- Schimmel **1965** Bab.
= Sandra DShA 2074
  Resanda DShA 3407 braun 12.3.**1977** D.
    v. Radautz DShA 2333 braun 12.4.1966 Top.
      ♂ Stamm Bab. SHAGYA OA Schimmel 1830
      ♀ Fam. Kisb. 40 Lady Sarah EV 1850 England
  Hadbah II DShA 4351 DE 308084091689 08-40916-89 Schimmel
    20.5.**1989** D.
    v. Hadban XVI-8 DShA 2232 Schimmel 24.06.1969 Mang.
      ♀ Rad. Fam. XLIX, Lip. J. Harmonia 1796
      ♂ Habban DE-413-1340786-03 Fuchs 25.3.2003 D. 159-180-19,0
        v. PAMOUR AV DAV 08-20286-93 Schimmel 1993 Pl. Janow
          ♂ Stamm Pl. KUHAILAN AFAS OA 1930
          ♀ Fam.
      ♂ Ramiro DShA 4412 08-40611-92 Sch. **1992** D. 160-188-20,0
        v. Hadban XVI-8 DShA 2232 Schimmel 24.6.1969 Mang.
        ♀ Rad. Fam. XLIX, Lip. J. Harmonia 1796
♂ Bab. Shagya XXIX (XIX-??) Schimmel 1924 Bab.
Bab. 115 Shagya XXII Schimmel **1929** Bab.
 Bab. 315 Shagya XXXII Schimmel **1944** Bab.
  Bab. 36 Gazal VII-13 Schimmel 2.4.**1958** Bab.
  = Dk. 22 Gazal VII-13
  = Suleima DShA 3002
    Bab. 77 Shagya XXXIX-4 Schimmel **1965** Bab.
    Bab. 40 Shagya XXXIX Sheba braun 24.4.**1966** D
    Dk. 48 Siglavy Bagdady VI DkShA oo68 Schimmel 26.6.**1969** Dk
      ♂ Shagal DShA 3798 08-40180-76 Schimmel 1976 Dk. +2004
      v. Dk. Shagya I Schimmel 1961 Bab.
    Siglavy Bagdady VI-25 DShA 2312 Schimmel 25.2.**1971** Dk
    O'Bajan I-19 Schimmel 20.02.1972 Dk
    Dk. 56 Shagieh DkShA oo120 Schimmel 22.5.**1973** Dk
      v. Dk. Shagya I Schimmel 1961 Bab.
      Sharia DShA 4493 08-45075-83 Schimmel 18.3.**1983** Dk.
        v. Shagal DShA 3798 Schimmel 12.05.1976 Dk.
          ♂ Stamm Bab. SHAGYA OA Schimmel 1830
          ♀ Fam. Mez. 215 Moldauerin Fuchs 1784 Rad.
        Damietta 08-41133-95E Schimmel 7.5.**1995** D.
          v. DIAGRAM AV DAV 2238 Fuchs 17.3.1980 Pl. Mich.
            ♂ Stamm Egy. SAKLAWI I OA Schimmel 1886
            ♀ Fam.
          ♂ Baikal DShA 08-40220-01 Schimmel 23.3.**2001** D. 155-180-21 K
            v. Bazar DShA 4003 08-40598-86 Schimmel 20.04.1986 D.
              ♂ Stamm Bab. O'BAJAN OA Rappe 1881
              ♀ Fam. Kisb. 30 Maria EV braun 1842 England
      Samia DShA 3309 braun 2.5.**1975** Dk.
        v. Dk Siglavy Bagdady VI-3 Schimmel 1968 Bab.

www.arabergestuet-antaris.de
Wir züchten seit über 25 Jahren Leistungs- und Freizeitpferde mit arabischer Ausstrahlung, die erfolgreich im Western- und Distanzsport unterwegs sind.
2013 präsentieren wir die Shagya–Araberhengste:

Taib Gazlan (Tibor x Nadine v. Nasrallah)   *Thamias (Paris x Tatjana)*

Sabine Körber / Kurt Schumacher   53940 Hellenthal-Hecken, Kastanienweg 3
Telefon 02447/8448   E-Mail info@arabergestuet-antaris.de

Fortsetzung von Mezöhegyes'sche Stutenfamilie 215

Samirah DShA 3651 08-40152-80 braun 26.2.**1980** D.
   v. Bajar DShA 1009 Schimmel 5.5.1969 D.
   ♂ Stamm Bab. O'BAJAN OA Rappe 1881
   ♀ Fam. Pl. SZWEYKOWSKA AV braun 1803 Slawuta
♂ Raon DShA 3950 liz. 101 ÖShA AT-205-7108-85 braun 6.4.**1985** D.
   v. Radautz (Top. Sh. XX-23) DShA 2333 braun 12.4.1966 Top.
   ♂ Stamm Bab. SHAGYA OA Schimmel 1830
Safaha DShA 3985 08-40449-86 braun 23.4.**1986** D.
   v. Zoltan DShA 3584 Schimmel 24.5.1979 D.
   ♂ Stamm Lip. GAZLAN OA braun 1840
   ♀ Fam. Bab. 216 SEMRIE OA Schimmel 1896
Saba DShA 08-41325-89 27.8.**1989** D.
   v. Jussuf I (VII-4)
Sahbel DShA 3909 Schimmel 3.5.**1985** D.
   v. Bajar DShA 1009 Schimmel 05.05.1969 D.
   ♂ Stamm Bab. O'BAJAN OA Rappe 1881
   ♀ Fam. Pl. SZWEYKOWSKA AV braun 1803 Slawuta
♂ Salazar S DShA 3404 DE 413134-08 Schimmel 24.7.**2004** D.
   v. Shagan DShA 4105 08-41221-88 Schimmel 17.3.1988 D.
   ♂ Stamm Bab. SHAGYA OA Schimmel 1830
   ♀ Fam. Kisb. 30 Maria EV braun 1842 England

Wolfgang Zeunert
»Shagya-Araber« 25 Jahre alt

Zwar fing das bei meiner Frau auch mit Kitty an, einer Hannoveraner-Stute, aber der Wunschtraum blieb ein Araber. Auf der Suche danach kam es 1971 bei einem der vielen Besuche beim unvergessenen Walter Dill in Herzberg am Harz dann aber ganz anders, denn sie verguckte sich in das Stutfohlen Azanka, und das war ein Shagya-Araber. Azanka wurde sofort gekauft. 1973 kam die ShA-Stute Siglavy Bagdady-8 in den Stall, die Sadiema v. Diem als erstes selbstgezogenes ShA-Fohlen zur Welt brachte. Weitere Shagya-Araber folgten im Laufe der Zeit. Man weiß ja, wie das so geht.

Meine Frau wollte mittlerweile mehr über die Shagya-Araber erfahren. Kontakte zu vielen Züchtern, die Mitgliedschaft im »Verband der Züchter des arabischen Pferdes« und zahlreiche Reisen zu Körungen, Schauveranstaltun-

Ingrid Zeunert 1971 mit Azanka auf der Weide.

gen und Messen brachten viel Wissen und viel Erfahrungen. Aber nachzulesen über die Shagya-Araber-Rasse gab es so gut wie nichts, denn es war kaum entsprechende Literatur vorhanden. Als dann damals eine Araber-Zeitschrift ein Titelbild vom Hengst Bachus brachte und mit keinem Wort erwähnte, dass sein Vater ein Shagya-Araber war, da war meine Frau echt empört und beschloss, selbst eine Shagya-Araber-Buchreihe zu gründen. Wir hatten ja einen Verlag, und so ermutigte ich sie zu ihrem Vorhaben.

1989 war es dann soweit. SHAGYA-ARABER Band 1 erschien und wurde den überraschten Züchtern und Gästen beim ISG-Europachampionat in St. Gallen vorgestellt und beifällig aufgenommen. Die streng fachorientierte Ausrichtung wurde schnell zum Markenzeichen

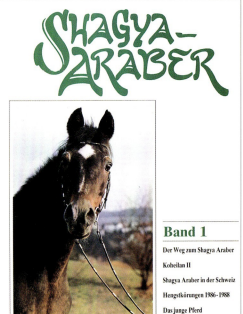

Band 1 der 1989 erstmals erschienenen Buchreihe SHAGYA-ARABER.

Ingrid Zeunert 1973 mit Siglavy Bagdady-8 bei ersten Fahrversuchen. Fotos (2): WZ

der Buchreihe. Fachautoren, die bislang kein Organ für ihre Arbeiten hatten, gesellten sich dazu. Vor allem aber wurde durch die Leser, welche die Bücher kauften, eine Grundlage für das Erscheinen weiterer Bände der Reihe geschaffen.

In jahrelanger, sehr aufwändiger Arbeit entstanden darüber hinaus mit befreundeten Autoren zwei Shagya-Araber Hengstbücher, die erstmals solch eine ernsthafte Wissensquelle für Shagya-Araber-Züchter boten.

Die Herausgabe von SHAGYA-ARABER ist von meiner Frau, den Fachautoren und den Fotografen nur mit sehr viele Idealismus möglich. Wenn nicht alle technischen Möglichkeiten des eigenen Verlages zur Verfügung ständen, dann wäre angesichts der doch eher kleinen Anhängerschaft der geliebten Pferderasse die Herstellung einer mit so viel Aufwand gemachten Buchreihe gar nicht möglich.

Unser Dank gilt allen Lesern für die jahrelang erwiesene Treue zu SHAGYA-ARABER. Wir danken auch allen Autoren, die SHAGYA-ARABER durch ihre Beiträge so interessant und lesenswert machen.

Meine Frau bewundere ich dafür, dass sie neben Haushalt, Ehemann, Verlagsbetrieb, Pferdestall und der gelegentlichen Organisation von Züchtertreffen seit fünfundzwanzig Jahren noch immer die Begeisterung und die Kraft für die Herausgabe ihrer erfolgreichen Buchreihe SHAGYA-ARABER aufbringt.

25 Jahre SHAGYA-ARABER

Eine Sache bekommt Leben, wenn sich möglichst viele Menschen damit beschäftigen, und wenn sie sich darüber austauschen können. Unsere Passion sind die Shagya-Araber, und von ihnen wollen wir lesen, Fotos anschauen und selbst darüber berichten können. Das Internet ist der schnelle Bote, aber auch ein sehr flüchtiger. Wie schön ist es, wenn man etwas Gedrucktes in den Bücherschrank stellen und jederzeit ganz einfach darauf zurückgreifen kann.

Vor 25 Jahren hat Frau Ingrid Zeunert den SHAGYA-ARABER aus der Taufe gehoben. Wir haben damit ein Medium, das sich kontinuierlich mit unseren Pferden beschäftigte. Namhafte Hippologen lieferten mit ihrem Hintergrundwissen wertvolle Beiträge. Wichtige Ereignisse wie Körung, Stuteneintragungen und reiterliche Wettbewerbe werden beschrieben. Der Shagya-Araber-Freund, der Schönes von seinen Pferden berichten will, kommt zu Wort. Oft greifen wir uns einen Band heraus und blättern zurück. Wir frischen unser Wissen auf. Wir schließen Informationslücken, weil wir wissen, dass es im SHAGYA-ARABER steht.

Die Bücher sind eine echte Fundgrube. Viele von uns hatten schon das Gefühl, je länger man sie hat, desto wertvoller werden die Bände. Sie sind ein Kleinod.

Sie werden von der Herausgeberin mit Liebe und Durchhaltevermögen gesponsert. Sie sind ihr ein echtes Anliegen.

Wir sagen »Dankeschön!« im Namen der Shagya-Araber-Freunde.

Gertrud von Fedak, Heinz Henneken und Dr. Walter Huber

Ingrid Zeunert 2012 mit ShA-Wallach Aramis. Foto: WZ

Shagya-Araber Gestüt Mühlen

Carin Weiß   24257 Köhn-Mühlen 58   www.shagya-muehlen.de
Tel.: +49 4385 381   Cell: +49 172 408 33 11   weiss@shagys.de

Thirza

Basyl

Unser Zuchtziel seit 5 Generationen:

- **Gangvermögen**
- **Ausdauer und Nervenstärke**
- **Rittigkeit und Springvermögen**

Genau das vererbt unser Deckhengst aus eigener Zucht:

Basyl (*2000) von Bahadur a.d. Thirza gekört und HLP ZSAA in Kreuth, Sport-HLP, stationiert in Frankreich, Vielseitigkeit CIC**, **TG weltweit verfügbar**

Prämierte Nachkommen—auch aus TG wie BORYS ShA 2013 aus der Nastia

Bahadur

Basyl

Beryll

Borys**

Batya ShA vcn Basyl a.d. Ta
gekört ZSAA—2010

Foto: Betty Finke

Deckhengst Basyl — sportlich, nervenstark, großrahmig — TG weltweit verfügba

Basyl ZSAA-HLP Sport-HLP	**Bahadur** Sport-HLP	Herold	Gazal VII
			Gazal II
			129 Shagya XXV
		Hera	Siglavy IX
			248 Kuh. Zaid xo
		Bajgala	*Ibn Galal ox*
			Galal ox
			Mohga ox
		O'Bajan I-17	O'Bajan I
			35 O'Bajan X
	Thirza VPr, Premium SLP + HLP FN LStB Abt. A, B, C + D	Sulyaman	Nasrallah
			Bartok
			Nedda
			Semira
			Sambesi ox
			O'Bajan XIII-4
		Thaya	Shagya XXXIX-11
			Shagya XXXIX-1
			Drau
			Tobrok-62
			Tobrok ox
			166 Koheilan II-6

Karl Hemmer

Die Shagya-Araber von Walter und Barbara Fahrnleitner

Es war 2001, als sich ein Walter Fahrnleitner aus Gleisdorf, Österreich, bei mir telefonisch meldete. Er sei auf der Suche nach einem Shagya-Araber-Stutfohlen, Schimmel, da er schon einen Schimmel-Stutjährling habe, und er später mit diesen beiden bei Hochzeiten und diverse andere Veranstaltungen fahren wolle. Zurzeit besäße er zwei Partbred-Araber Rappstuten, die schon ins Alter gekommen seien. Außerdem würden sich Rappen für eine Hochzeit optisch nicht so gut machen.

Ich gab im die Adresse von Franz Theiler, der einen Absetzer nach seiner Beschreibung hätte. Kurz darauf erwarben die Fahrnleitners ihr zweites Shagya-Araber-Stutfohlen. Dabei handelte es sich um Kanaah v. Burgas-137 a.d. Kaja II v. Shagya XXII-51 a.d. 15 Koheilan XI.

Im Zuge der internationalen Shagya-Araber-schau 2003 in Piber lernte ich Walter und Barbara persönlich kennen. Hier hatten sie auch die Jährlingsstute aus 2001 mit. Es war die inzwischen dreijährige, gangstarke Gazala v. Gazal XI-1 a.d. Gasha-317 v. Gazal IX-4 a.d. 93 Shagya XLII.

Gazala gewann dort ihre Klasse und wurde auch Junioren Championesse. Gazala und Ka-

Gazala dreijährig bei der Schau in Piber. Foto: Gudrun Waiditschka

Oben:
Gazala 2010 beim ISG Chamionat in Stadl Paura.
Foto: Gudrun Waiditschka
Mitte:
Michail Horny und Bruno Furrer gratulieren 2011 in Kaposvar Walter Fahrnleiter zu seiner Stute Gazala.
Foto: Michaela Jeitler
Unten:
Nasira, geb. 2010 von Geydan.
Foto: Karl Hemmer

Züchter Fam. Hemmer. Nikita bekam 2008 von Geydan das typvolle Hengstfohlen Nabucco. Dieser kleine Hengst bezaubert so manchen Besucher, so dass er als Absetzer einen neuen Besitzer bekam. Beim internationalen Zuchtchampionat 2008 in Topolcianky wurde Gazala Klassensiegerin mit 3x9 in Trab und Kanaahh erreichte den dritten Platz in der gleichen Klasse.

Das Jahr 2010 sollte der nächste Höhepunkt für Wal-

naah durchliefen auch 2004 die Ausbildung zu Fahrpferden, wie vorgesehen.

Wenn man schon zwei Stuten hat, so liegt es nahe, dass man mit ihnen auch züchtet. Gazala wurde 2004 dem Europachampion Geydan zugeführt. Aus dieser Anpaarung entstand 2005 das Stutfohlen Gloriett, das erste Shagya-Araber-Fohlen auf dem Hof von Walter und Barbara Fahrnleitner.

2007 kam eine weitere Shagya-Araber-Stute dazu: Die Schimmelstute Nikita v. Nasim Ibn Omar a.d. Gazmene v. Gazmel a.d. Shagya XXII-34,

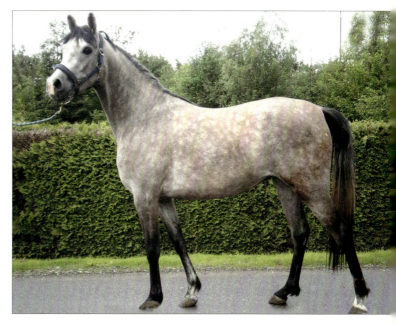

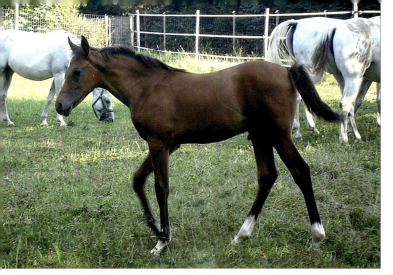

Oben:
Ghassan, geb. 2013 von Geydan, im Alter von drei Monaten. Foto: Karl Hemmer
Mitte:
2007 kam Nikita v. Nasim Ibn Omar a.d. Gazmene dazu. 2008 brachte sie von Geydan das Hengstfohlen Nabucco.
Foto: Karl Hemmer
Unten:
Kanaah v. Burgas-137 a.d. Kaja II ist auch Mutter des Hengstfohlens Kuhaylan Zaid-155.
Foto: Karl Hemmer

ter und Barbara werden: Das elegante Stutfohlen Nasira von Geydan aus der inzwischen vor dem Wagen ausgebildete Nikita erblickte das Licht der Welt..

Kanaah wurde den Hengst Kerim (3791 Kuhailan Urkub II) v. Kuhailan Urkub I a.d. Siglavy Bagdady II-15 zugeführt. Dieser Kerim gehört dem erloschen geglaubten Stamm des Kuhaylan Zaid an. Da Kanaah sehr viel Kuhaylan Zaid Blut führt, wurde diese Anpaarung gewählt.

Gazala und ihre inzwischen fünfjährige Tochter Gloriett nahmen beim Europachampionat in Stadl Paura teil. Gloriett erreichte in ihrer Klasse den sehr guten zweiten Platz. Gazala machte es ihrer Tochter mit 8,75 Punkten nach und wurde zur Europa Reserve Championesse erkoren.

Mit Spannung erwartete man 2011 das Fohlen aus der Kanaah. Sie gebar, wie erhofft, ein gesundes Hengstfohlen. Dieser Kuhaylan Zaid-155 wächst jetzt gemeinsam mit seinem väterlichen Halbbruder unbeschwert in einem

Gazala (links) und Kanaah wurden vor den Bäckerwagen gespannt, den Walter Fahrnleiter fuhr.
Foto: Karl Hemmer

Offenstall auf. Seine Entwicklung lässt für die Zukunft eines Deckhengstes hoffen.
Auch 2011 nahmen die Fahrnleitners an zwei Schauen teil. Bei der nationalen Araberschau in Sachendorf wurde die Jährlingsstute Nasira (Geydan x Nikita) Klassensiegerin und Junioren Reservechampionesse. Die inzwischen zu einer typvollen Stute gereifte und zum Fahrpferd ausgebildete Gloriett (Geydan x Gazala) wurde unter ihrer neuen Besitzer Cornelia und Stefan Oswald Klassensiegerin und Senioren Championesse.
Kaposvar in Ungarn war im selben Jahr das nächste Ziel. Mit dabei waren Gazala und ihre Tochter Gloriett. Beide Stuten konnten gegen schwere Konkurrenz sowohl in der Quantität als auch in der Qualität einen Klassensieg für sich verbuchen. Gazala wurde auch zur unangefochtenen Seniorenchampionesse erkoren.
Im Zuge der ISG Delegiertenkonferenz 2012 in Wien hatte Walter Fahrnleitner mit seinen beiden Stuten Gazala und Kanaah vor dem Wagen die Ehre, mit den Präsidenten der ISG, Herrn Ahmed al Samarraie, und den Präsidenten des ÖAZV, Herrn Franz Hoppenberger, der Showblock zu eröffnen.
Ghassan v. Geydan a.d. Nikita wurde das braune, kräftige Hengstfohlen getauft, welches 2013 auf dem Hof zur Welt kam.
Da in der Zwischenzeit Nasira vor dem Wagen ausgebildet wurde, gibt es im Stall von Barbara und Walter Fahrnleitner jetzt vier Schimmelstuten, die durchwegs zum Zweispännigfahren für diverse Veranstaltungen wie Hochzeiten, Taufen oder Nikolausfahrten problemlos durchgetauscht werden können.
2013 wurden Gazala und Kanahh dem Hengst Geydan zugeführt. Mit Spannung werden zwei Fohlen für 2014 erwartet.
Geplant sind 2014 die Teilnahme bei der zentralen Stuteneintragung und Hengstanerkennung des ÖAZV mit zwei Pferden. Auch die Teilnahme beim ISG-Europa-Championat in Bábolna 2014 ist vorgesehen.

Jussuf-911 (Jelzin),
liz. 185 ÖShA
von Jussuf A1-42
aus der Rapina
von Raon

Gestüt Hoppenberger

Brand 10. A-5270 Mauerkirchen
www.gestuet-hoppenberger.at
e mail: gestuet-hoppenberger@aon.at

Shagya-Araber
Gestüt Neuenbrook
www.shagya-zucht.de
Ingrid Früchtenicht
Tel. 04824-2127

Balou ShA (präm.)
Bashir ShA
Farid ShA
Tawor ShA

* Zucht & Deckstation
* Verkauf
* Ausbildung

f. Pferd & Reiter
d. Antje Dumrath,
Pferdewirtschaftsmeisterin (FN)
& Pferdegesundheitstrainerin
Tel. 0176-62250287

© 2012 NESSA Equestrian Design - contact: nessa-design@hotmail.com

Adele Furby

Nachruf auf Ulla Nyegaard

Übersetzt von Irene Noll

Als ich die traurige Nachricht von Ullas Sohn Kim bekam, dass seine Mutter gestorben sei, schrieb ich ihm, dass Ulla die wichtigste Frau in meinem Leben gewesen sei, abgesehen von meiner eigenen Mutter, die vor drei Jahren starb. Es ist schwer zu glauben, dass ich nie wieder Ullas Stimme hören oder ihr persönlich begegnen werde. Aber ich werde meine Erinnerungen und die wundervollen Zeiten, die wir zusammen verbrachten, für immer hegen. Ulla war sehr mitteilsam, und ich habe eine riesengroße Mappe mit allen Briefen von ihr. Als ihre Augen zu schwach für Emails wurden, haben wir gelegentlich telefoniert.

Ulla und ich trafen uns 1985, als ich zum ersten Mal auf der Suche nach Shagya-Arabern in Europa war. Glücklicherweise schlug die Schweizer Züchterin Ursula Rahm vor, dass ich Ulla besuchen sollte. Ich nahm den Nachtzug nach Kopenhagen, und als wir uns am Bahnhof begegneten schienen wir uns augenblicklich zu verstehen. Sie meinte damals selbst, die Zusammenarbeit würde von Bestand sein, aber ich weiß nicht, wie sie das sofort hat wissen können. Doch sie hatte jedenfalls Recht, und während der nächsten 27 Jahre hat mir meine Verbindung zu Ulla auf vielerlei Art Auftrieb gegeben.

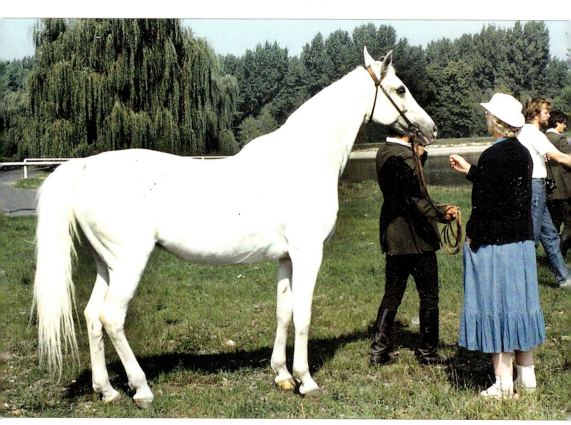

Reise 1986: Ulla mit 101 Farag, Zuchtstute in Olbo, Bábolna.   Fotos (2): Adele Furby

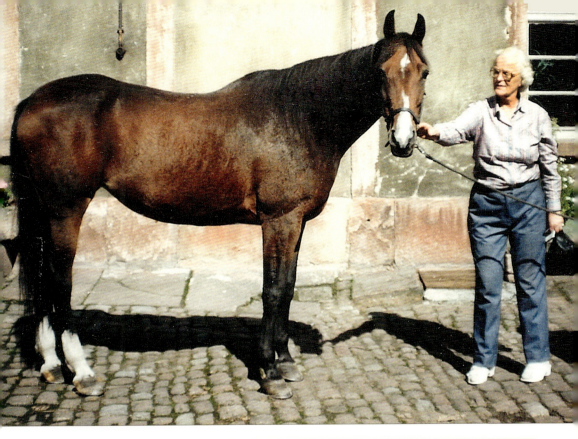

Reise 1986: Ulla mit Cäcilie, Zuchtstute im Gestüt der Fürstin zu Leiningen, Amorbach.

Natürlich waren es Ullas Passion für und ihr Wissen um die Shagya-Araber, die den Grundstein unserer langen Freundschaft legten. Doch neben Ullas Anstrengungen zum Gedeihen der Shagya-Araber schätzte ich an ihr auch ihre persönlichen Qualitäten.

Nach unserem ersten Treffen hat sich Ulla meiner angenommen und mich umfassend über die Shagya-Araber unterrichtet. So plante sie eine Reise von einem Monat während des Sommers 1986. Wir beide fuhren in Ullas Auto von Dänemark in die Schweiz, nach Deutschland, Ungarn und in die Slowakei. Ausgerüstet mit einem großen Proviantkorb fuhren wir die Pferdezüchter ab, die uns oft genug bei sich übernachten ließen. Es war ziemlich abenteuerlich mit vielen Fehlschlägen und Strapazen, aber Ulla behielt ihren Sinn für Humor und war fest entschlossen, mich weiterzubilden, wofür ich ihr ewig dankbar sein werde. Wir nahmen unsere Aufgabe sehr ernst. Sorgfältig wurde die ganze Reise dokumentiert. Ulla schrieb alles auf, und ich knipste jeden Shagya-Araber, der mir vor die Linse lief. Die Verbindung wurde über die nächsten Jahre aufrechterhalten. Ulla konnte mich etliche Male in Montana oder Kalifornien besuchen und begleitete uns, während wir die Pferde in Amerika musterten. Wir waren zusammen auf Schauen in Ungarn, Schweden und in der Schweiz, und ich besuchte sie noch zweimal in Dänemark. Der letzte Besuch war 2009 in ihrem kleinen, schönen Haus.

Ulla hatte ein Talent, positive und aufmunternde Worte parat zu haben, was meine Zuchtversuche anging. Zugleich war sie offen und ehrlich. Sie konnte Menschen klug einschätzen, hatte ein gutes Auge und feines Beobachtungsvermögen und konnte ihre Gedanken und Meinungen überzeugend ausdrücken. Die Pferdezüchtergemeinschaft begegnet ihr mit Hochachtung. Gleichzeitig verteidigte sie mit Nachdruck ihre hohen Prinzipien gegenüber jedermann. Ich schätze die umfangreiche Korrespondenz, die ich mi ihr hatte. Sie ist voll des guten Rates, der Aufmunterung, des

Internationale Shagya-Araberschau 1986 in Frauenfeld, Schweiz. Hengstchampion wurde Ulla Nyegaards Shagal. Von links Mr. Averly (Schausponsor), Ulla Nyegaard, Hengst Shagal und Almut Gobel (Vorführerin von Shagal). Foto: Adele Furby.

Ulla Nyegaard mit Laszlo Monostory, dem letzten Kommandanten eines ungarischen Gestüts aus der Zeit vor dem Zweiten Weltkrieg. Das Foto entstand in Seattle/USA während der NASS-Musterung 1997. Foto: Elisabeth Furrer

Witzes, alles vorgetragen mit einer gewissen Poesie. Ich schätze auch die kostbaren Blutlinien, die sie in ihrem Zuchtprogramm weiterentwickelte, und die auch Herz und Seele meines eigenen Zuchtprogramms wurden. Ihr Vermächtnis wird weiterleben in diesen herrlichen Geschöpfen, mit denen mich und viele andere eine privilegierte Partnerschaft verbindet.

Besuch im Gestüt der Familie Neu in Deutschland während der Reise 1986. Von links Ulla Nyegaard, der Hengst Koyano, Petra Neu, Adele Furby und Frau Neu.
Foto: Archiv Adele Furby.

Dr. Walter Huber

Wie ich Ulla Nyegaard erlebte

Wenn man über einen Menschen nachdenkt, mit dem man lange Jahre verbunden war, und der plötzlich aus dem Leben scheidet, dann fragt man sich, was weißt du eigentlich von ihm und wie hast du ihn wahrgenommen? War es Zuneigung oder Freundschaft? Warum lag man auf der gleichen »Wellenlänge«? Kurz, was war es eigentlich, das uns verbunden hat? Die Lebensphasen, in der Ulla Nyegaard und ich uns oft begegneten, hängen unmittelbar mit dem Hengst Shagal zusammen. Sie war die Besitzerin des kapitalen Hengstes, der mich 1985 in Darmstadt-Kranichstein in seinen Bann schlug. Er war für mich der personifizierter Pferdetraum. Wir kamen in das Gespräch, bzw. ich bedrängte sie hartnäckig, weil ich den Hengst in meinen Stall bekommen wollte. Das war recht schwierig. Ihr gefiel der Gedanke nicht besonders, da auch noch eine prominente und zahlungskräftige Interessentin um Shagal warb. Schließlich einigten wir uns doch. Drei Monate sollte der Hengst bei mir sein und dann in die Schweiz gehen. Im Januar 1987 gab ihn Ruth Pack frei, und er kam zu mir. Alles lief dann aber anders, und er blieb bis 1990 bei mir. Ich arbeitete intensiv an seiner Karriere. Er wurde berühmt, erfolgreich, nahezu unschlagbar und dadurch sehr begehrenswert. Darum

Shagal während seiner Decksaison bei Frau Bleibaum in Elze. Foto: Marianne Schwöbel

Ulla Nyegaard bei der Verleihung eines Ehrenpreises für Shagal.
Foto: Dr. Walter Huber

Für eine Decksaison wurde er auch dorthin verpachtet. Sein Leben beschloss er hochbetagt in Irland.
Shagal hat uns verbunden. Ulla Nyegaard war mir dankbar, dass ich es geschafft hatte, dem Hengst, ihrem Zuchtprodukt, den Stellenwert zu geben, den er auf Grund seiner überragenden Qualität verdiente.
Eine Episode aus den Anfängen der 1960er Jahre muss ich noch erzählen. Damals kauften die Nyegaards Pferde in Bábolna und gründeten in Dänemark das Gestüt Bartahus. Ich war ab 1965 jährlich in den Ferien als Reit- und Stallbursche im Gestüt Bábolna. Dort hatte ich schon vorher wiederholt von einem »bärtigen Rechtsanwalt aus Dänemark« gehört. Das war Herr Nyegaard, der mit seiner

musste Shagal zurück nach Dänemark. Dort hat man sein stolzes Herz fast gebrochen. Ich holte ihn 1992 endgültig zurück und kaufte ihn. Der Preis war für einen mehrfachen Familienvater hoch, aber es musste sein. Ich gab ihm sein Selbstvertrauen zurück. Es folgten herrliche Jahre mit Shagal. Höhepunkte waren immer die herbstlichen Jagden. Aus Bábolna kamen Stuten zum Decken.

Ulla Nyegaard und Adele Furby 1989 zu Besuch.
Foto: Dr. Walter Huber

Dr. Walter Huber mit Shagal 1993 in St. Gallen. Foto: Roland Boso

Frau Pferde kaufte. Damals war Dr. Antunovits Gestütsleiter in Bábolna. Die schlimme Zeit der Regression, in der die Pferde in den Schlachthof getrieben oder zur Serumgewinnung verkauft wurden, war vorüber. Er sollte die Zucht wieder neu aufbauen und hat die verbliebenen wertvollen Stuten aus den Bauernställen geholt, identifiziert und nach Bábolna zurück geholt. Ich durfte mit dabei sein.

Ich traf Dr. Antunovits zum letzten Mal 1988 in Baden bei Wien auf einer großen Araber-Schau. Er war als Richter dort. Er sagte damals zu mir: »So ein Hengst wie Shagal wird nur selten geboren«. Shagal gewann dort alles, die Zucht- und die Reit-Klassen. Er wurde Grand-Champion. Bald danach starb Dr. Antunovits.

Mit feinem züchterische Gespür hat Ulla Nyegaard dieses Pferd und noch viele andere im Gestüt Bartahus gezüchtet. Von dort gingen mit ihren Pferden Impulse über ganz Europa und bis nach Übersee. Shagals Söhne Shandor und Budapest schufen in den USA ganze Pferde-Dynastien. Ich habe diese Pferde 2006 und 2013 erleben dürfen.

Ganz aktuell standen seine Nachkommen 2013 in Marbach vorn.

Die Reserve-Siegerstute des Europa-Championats 263 Gazal XVII (v. Shagya VI) ist eine Enkelin von ihm. Wiederum eine Enkelin, Shaganah (v. Shagan), gewann souverän ihre Klasse. Ihr Vater Shagan ist auf Grund seiner Qualität der lebende Hengst mit den meisten Nachkommen in West- und Ost-Europa, Südamerika und Australien).

Frau Nyegaard ist für mich »die große alte Dame der Shagya-Araber-Zucht« der letzten fünfzig Jahre. Ihre vornehme und warmherzige Art bleibt für mich unvergessen. Im Gespräch suchte sie immer den Ausgleich, den Kompromiss, mit dem jeder leben konnte. Ihre Erzählungen waren spannend und lehrreich. Ich bin froh, dass ich ihr begegnet bin.

Josef Weiß

Steffi Laferl - eine Distanzreiterin auf Shagya-Arabern

Steffi Laferl 2013 in Pöttelsdorf.   Foto: Josef Weiß

Die sympathische Flugbegleiterin Steffi Laferl aus dem in Niederösterreich gelegenen Weikersdorf am Steinfeld entschied sich mit Shagya–Arabern ihre reiterliche Freizeit zu verbringen. Sie erzählt selbst wie alles kam.

»Es begann alles bereits im Alter von acht Jahren, als ich den ersten Kontakt mit Pferden aufgenommen hatte. Die Reiterei habe ich mit einigen Unterbrechungen bis heute regelmäßig betrieben, bis schließlich das Wander- und Distanzreiten zu meinem dauerhaften Hobby wurde. Vor zirka zehn Jahren konzentrierte ich mich auf den Distanzsport wobei ich immer Pferde arabischer Abstammung geritten habe. Doch mit dem Erwerb meines »Omar«, ein einäugiger Schimmelwallach, schnupperten wir in den Leistungssport. Von Beginn an war er mir ein verlässlicher, leistungsstarker Partner mit wenig Wehwehchen.

Omar ist ein 1999 in Ungarn gezogener Shagya v. 3128 Shagya II-13 a.d. 822 Farag-13. Er wurde fünfjährig von mir erworben.

Am Anfang von den Mitbewerbern meistens nur belächelt und nicht als ernste Gegner wahrgenommen, starteten wir in die Bewerbe. Doch schon nach kurzer Zeit stellte sich heraus, wir waren ein gut harmonierendes Paar. Nach einigen kurzen Vorbereitungsritten konnten wir nach guter Trainingseinstellung über einer Strecke von 160 Kilometern in St. Valentin den dritten Platz erreichen. Für uns ein zufriedenstellender Rang, der uns große Freude machte. Das war im Jahr 2009 und unser erster großer Erfolg. Von da an wurden wir auch von unseren Gegnern als ernste Teilnehmer akzeptiert.

Ein zweiter Wallach, ein sechsjähriger Schimmel, wurde in das Team aufgenommen. Er stammte wie Omar aus Ungarn, ist jedoch ein Shagya-Araber und kein Shagya. Unter den Namen »Bakonyküti Teyszir Jin« registriert, nenne ich ihn kurz »Teyszi«. Er ist 2004 geboren v. 3131 Teyszir B (AS.II), a.d. 2591 Farag II-13.

Bei den Landesmeisterschaften von Niederösterreich konnten wir über die Strecke von 100 Kilometern 2010 und 2011 den Meistertitel gewinnen. 2011 starteten wir bei einem 160 Kilometer Ritt und konnten den zweiten Platz belegen. Schließlich qualifizierten wir uns bei einem Distanzritt im Ungarischen Bábolna für die Weltmeisterschaft 2012 in England. Leider war uns aufgrund des Sponsorausfalles der Start nicht möglich und wir mussten absagen. Unser größerer Erfolg im Mai 2012 war der zweite Platz bei einem 160 Kilometer Ritt. Anlässlich des Dreiländerrittes (Österreich, Slowakei und Ungarn) über 260 Kilometer in einer Zeitspanne von drei Tagen konnten hinter den absoluten Größen aus Frankreich und den Arabischen Emiraten der hervorragende siebente Platz belegt werden. Um die Wertigkeit dieses Ranges herauszustreichen muss man aufzeigen »von 46 Startern sind 12 ins Ziel gekommen«. Bei diesen Bewerb gab es auch Teamnennungen (fünf Reiter/innen). Unsere Gruppe bestand aus drei Österreichern, einem Deutschen und einem Ungarn. Wir waren das einzige Team, wo alle Teilnehmer durchs Ziel kamen«.

Ich wünsche Steffi Laferl weiterhin viel Spaß beim Reiten mit den beiden Wallachen und in Zukunft sehr gute, zufriedenstellende Erfolge im Sport. Vielleicht findet sich doch für das nächste Großereignis ein verlässlicher Sponsor?

ATHOS KM
SHAGYA-ARABER HENGST

**Shagya-Araber Hengst
Athos KM - der Allrounder
Körung VZAP 2012
HLP Stadl Paura 2012
Anerkennung als
Veredler ZfdP 2012
Natursprung und Gefriersamen
für EU, USA, Australien
und Canada LFG
www.thr-rueckenwind.de
info@thr-rueckenwind.de**

Ute Feuerpeil

Elitehengst Shaman v. Pamino a.d. Shalom IV

13.2.1989 – 5.9.2013

Am 5. September 2013 musste einer der letzten erfolgreichen Hengste vom Gestüt Reichshof, Shaman ex Sharif aus der Zucht von Ruth Pack, wegen altersbedingter gesundheitlicher Probleme eingeschläfert werden. Er folgt damit seinem Vater Pamino und seinem im letzten Jahr verstorbenen Sohn Occident auf die immergrünen Weiden.

Seine bedeutende Abstammung liest sich wie das »Who is Who« der Shagya-Araber-Zucht. Selbst Elitehengst, stammt Shaman vom legendären Elitehengst Pamino ab, Sohn des erfolgreichsten Shagya-Arabers aller Zeiten – Elitehengst Bajar, und der traumhaft schönen, unvergessenen Elitestute Pamina, alle Vorfahren hochdekoriert und Elitepferde. Shamans Mutter Shalom IV, von Balaton (Elite) aus der Shalima, gewann das Internationale Jugendchampionat in Verden und ist ebenfalls Elitestute.

Gezogen und aufgewachsen im Gestüt Reichshof, verkörperte Shaman den Typ eines

Frau Mäder-Schmidt mit Shaman. Foto: Mäder-Schmidt

Shaman war in Bábolna 1996 Sieger in allen Klassen. Foto: Sammlung Mäder-Schmidt

hochnoblen, eleganten, sportlichen Shagya-Arabers. Seine Qualität überzeugte auch die Richter bei der ZSAA-Körung 1993, wo er als Siegerhengst hervorging.

Seinen Erfolg konnte er im selben Jahr auf der Schau in Mainaschaff fortsetzen. Neben dem Titel des Champions wurde er auch zum »Best in Show« gekürt.

1996 fand das »6. ISG Europachampionat« in Bábolna statt. Shaman startete in der Klasse der 7-11 Jährigen und konnte einen sensationellen Erfolg für sich verbuchen: Mit sage und schreibe 22 Punkten Vorsprung lag er an einsamer Spitze. Shaman siegte überragend mit neunmal der Note 10, und auch hier erhielt er den Titel »Best in Show«!

Seine züchterische Karriere startete Shaman im Jahr 1993, 1994 eröffneten die ersten drei Fohlen den langen Reigen seiner erfolgreichen Zuchtgeschichte. Shaman wurde nicht nur in der Shagya-Araber-Zucht eingesetzt, Nachkommen finden sich auch in Anpaarungen mit Trakehner-, Rheinländer- AA, VA- und Haflingerstuten.

Insbesondere mit der Stute Osane (Elite) v. Silas a.d. Obeida, ebenfalls aus der Zucht von Frau Ruth Pack, gelang die sogenannte Passerpaarung. Es fielen drei sehr harmonische und elegante Stutfohlen, wovon die Stute Oxana mit der Verbandsprämie ausgezeichnet wurde. Der wohl bekannteste Nachkomme ist der 1998 geborenen Elitehengst Occident. Er war Körungssieger 2000 in Aachen und HLP-Sieger 2003 in Neustadt/Dosse mit 8,175 Punkten. Occident war auch vielfacher nationaler und internationaler Champion, Erfolge die für sich sprechen.

Der aus der Championatsstute Moldau III stammende Sohn Murad wurde Körungssieger und leistungsgeprüft in Neustadt/Dosse, Siegerhengst 8,4 Punkte. Murad hat seine Heimat vor etlichen Jahren in Kanada gefunden und wird dort erfolgreich in der Zucht eingesetzt.

Ein weiterer gekörter Sohn ist der 2004 geborene Hengst Balou a.d. Baroness II v. Bajar, der anlässlich der ZSAA Körung 2009 auch prämiert wurde. Seine Leistungsprüfung legte Balou in Stadl Paura ab. Mit 7,75 Punkten ging er

Oben: Shaman 2011 im Alter von 23 Jahren auf seinem Auslauf bei Familie Mäder-Schmidt.
Mutte: Malika geb. 2004 v. Shaman a.d. Monifa.
Unten: Mashur Ibn Shaman, geb. 2008 a.d. Monefa.
Fotos (3): Mäder-Schmidt

als Gesamtsieger hervor.
Die 2002 geborene Stute Sarai a.d. Samaria erhielt ebenfalls die Verbandsprämie.
Das aus einer Haflingermutter gezogene Fohlen Susi, geb. 2002, wurde mit der Silbermedaille ausgezeichnet.
Mehr als 40 Nachkommen vererbte Shaman nicht nur seine Harmonie und Eleganz, auch sein liebenswürdiger Charakter und seine Leistungsbereitschaft findet sich in all seinen Kindern wieder.
Wie so viele Hengste führte auch Shaman ein recht abwechslungsreiches Leben. Bis kurz vor Auflösung des Gestütes Reichshof verbrachte er, bis auf einen kurzen, sportlichen Aufenthalt in den Niederlanden bei Karel de Lange, die meiste Zeit im heimischen Oberagger.
Von dort führte ihn sein Weg in die Lüneburger Heide zu seinem Trainer und langjährigen Weggefährten Robert Schlereth. Zitat Robert: »Shaman war für mich etwas ganz Besonderes, auf ihn konnte man sich immer verlassen. Wenn es darauf ankam, war er da. Er war ein Freund«.
Nach einer kurzen Episode in Verden kehrte er nach Velgen zurück, um dann seine endgültige und letzte Heimat im Schwarzwald zu finden.

Die Familie der passionierten Shagya-Araber-Züchterin Regina Mäder-Schmid nahm ihn begeistert und mit offenen Armen auf und ermöglichte ihm noch sieben schöne und glückliche Jahre.

Gehegt, gepflegt und geliebt, besonders auch von den zwei Töchtern der Familie, Anna und Stella, verbrachte Shaman seinen Lebensabend in direkter Nähe zu seinen Stuten inmitten der herrlichen Landschaft des Schwarzwaldes.

Shaman zeugte hier insgesamt acht Fohlen, vier davon in Anpaarung mit Vollblutaraber-Stuten. Sein 2011 aus der ShA-Stute Ameerah geborener Sohn Ahil Ibn Shaman wurde beim ISG Europachampionat 2013 in Marbach Zweiter in seiner Klasse. In der Schau im westfälischen Salzkotten siegte er in der Klasse der dreijährigen Hengste und wurde Zweiter im Breeders Cup.

Mit dem Tod von Shaman verlor Familie Mäder-Schmid nicht nur das Herzstück ihrer Zucht, sondern auch einen treuen Freund.

In seinen Kindern wird er weiter leben.

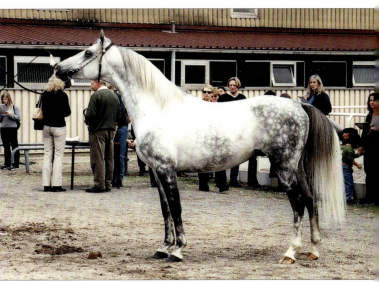

Oben: Balou, geb. 2004 v. Shaman a.d. Baroness II, wurde bei der Körung 2009 in Alsfeld prämiert. Foto I. Zeunert
Mitte: Ahil Ibn Shaman, geb. 2011, der wohl letzte Sohn von Shaman a.d. Ameerah.
Foto: Betty Finke
Unten: Murad, geb. 1996 v. Shaman a.d. Moldau III, Sieger bei der Körung 2001 in Aachen.
Foto I. Zeunert

Mareike Placke

Die Shagya-Araber waren tolle Partner bei der Schleppjagd

Im Herbst 2013 wollte der Reiterverein in Wehe seine erste Schleppjagd veranstalten. Nachdem schon einige Jahre Fuchsschwanz-Jagden dort stattfanden, sollte dieses Mal eine Meute die Reiter begleiten. Heike und Friedel Sielemann von der Ostwestfalen-Meute boten dafür am 14.10.2013 ein Schleppjagd-Training mit Hunden in Wehe an. An diesem Training nahmen auch vier Shagya-Araber teil. Darie v. Dahoman XXXIX, Santana II v. Gadar, Saladin v. Pamour AV und Simsalabim v. Monsun durften das Reiten an den Hunden dort kennenlernen. Es machte Reiter und Pferden sehr viel Spass, und sie ernteten von den Pikeuren Lob für ihr Geschick.

Am 9.11.2013 sollte nun endlich die heiß er-

Übungstag für die Schleppjagd, an dem die Pferde an die Hunde gewöhnt werden. Die Schimmel von links Saladin mit Stefanie Holzbecker, Santana mit Friederike Brinkhoff und Simsalabim mit Mareike Placke.
Foto: Bettina Placke

Die Schimmel Simsalabim und Saladin mit den Hunden. Foto: Bettina Placke

sehnte Schleppjagd stattfinden. Santana und ihre Kinder Simsalabim und Saladin waren schon morgens hoch motiviert als sie merkten, dass die Pferdeanhänger gepackt wurden.

Auf dem Sammelplatz hieß es dann: »Immer dem kleinen Schimmel hinterher!«. Die 22-jährige Santana sollte nämlich die Schleppe legen. Fleißigen Schrittes verließ sie das Feld Richtung Barler Gelände.

Das springende Feld wurde von ihrer Tochter Simsalabim angeführt, und ihr Sohn Saladin galoppierte mit seiner kleinen Schwester an der Tette mit. Es waren vierzehn feste Hindernisse zu überwinden. Die drei kleinen Schimmel waren bis zum Schluss motiviert dabei. Die Reiterin von Saladin ist ihre erste Schleppjagd mit ihm dort geritten. Sie hat zwei Wochen vor der Jagd nach fünfjähriger Reitpause wieder angefanden zu reiten. Nach der Jagd sagte sie nur: »Ich habe mich trotz des hohen Tempos super Wohl gefühlt. Saladin hat uns häufig bei unsicherem Boden gerettet.«

Alle drei sind am nächsten Tag wieder auf der

Simsalabim (vorn) und Saladin zwischen den Sprüngen.
  Foto: Katharina Klasing

Bei der Jagd wurde Saladin von Stefanie Grundmann geritten.

Weide rumgetobt. Von Muskelkater keine Spur.
Durch ihre Trittsicherheit und Intelligenz sind Shagya-Araber der ideale Partner für Schleppjagden. Sie sind trotz hohem Tempo immer kontrollierbar. Zudem haben sie genauso viel Spass am Jagdreiten wie ihre Reiter.

Santana ist ganz bei der Sache. Die Ohren sind aufmerksam nach vorn gerichtet.

Simsalabim unter Mareike Placke.
Fotos (3): Katharina Klasing

**SHGAYA-ARABER
im
Internet:
www.zeunert.de**

80 Shagya-Araber

SHAGYA – ARABER „IM HOLTE"

Shagya-Araber und Arabische Halbblüter
Beste Abstammung und Qualität

DARIUS

geb. 07.04.1997
von Djardan a.d. Siska
v. Grande Gazal

Körungssieger 2000 in Stadl Paura
HLP Stadl Paura 2002,
Gesamtindex 117,37

Charmanter Bewegungskünstler,
zeichnet sich besonders aus
durch seinen liebenswerten Charakter,
Rittigkeit und Leistungsbereitschaft.

Familie Rainer Feuerpeil * Im Holte 2 * 42477 Radevormwald
Tel. 02195 6595 * info@shagyas-im-holte.de * www.shagyas-im-holte.de

Ingrid Zeunert

Man traf sich 2013 in Wutzetz

Dank der Zusage der Familie Orgis konnte ich vom 31.5. bis 2.6.2013 ein privates Treffen von Freunden der Shagya-Araber im Gestüt Eichenhof in Wutzetz organisieren.

Wie immer sind solche privaten Veranstaltungen mit großen Vorbereitungen verbunden. Am ersten Tag, einem Freitag, wurde die Halle geschmückt und ihr Boden abgeschleppt. Außerdem haben wir eine kleine Ausstellung mit Arbeiten der Kunstmalerin und Bildhauerin Gabriele Haslinger in der Halle aufgebaut. Viele freundliche Helfer waren dabei im Einsatz. Herr Dr. Scaba Szilágyi, ein Freund der Familie Orgis, bereitete draußen im Freien in einem Kessel einen Feuertopf vor. Zum Abschluss unserer Vorbereitungen wurden noch kurz die beiden Fohlen von Shagan von 2013 angesehen.

Dann machten wir uns auf den Weg nach Neustadt (Dosse) zum Parkhotel Sankt Georg. Dort waren mittlerweile die ersten Teilnehmer des Treffens eingetroffen. Bei einem gemeinsamen Abendessen wurde viel über die Shagya-Araber und deren Zukunft diskutiert. Auch Herr Dr. Jürgen Müller, der Landstallmeister von Neustadt (Dosse), nahm sich die Zeit um mit uns über die Pferdezucht und deren derzeitigen Schwierigkeiten zu sprechen. Wenn es um Pferde und deren Zucht geht, ganz gleich welcher Rasse, dann gibt es immer viel Gesprächsstoff. Der Abend verlief sehr harmonisch. Die Vorfreude auf den Besuch bei Familie Orgis am nächsten Tag war allen Gästen anzumerken.

Der nächste Tag, ein Sonnabend, begrüßte uns

Die Stuten Koheila mit Hengstfohlen Krabat v. Shagan und Walida mit Stutfohlen Wenona v. Shagan.

Dr. Jürgen Müller diskutiert mit Josef Weiß.

Josef Weiß als guter Zuhörer von Dr. Müller.

mit strahlendem Sonnenschein. Nach dem guten, vielseitigen Frühstück im Parkhotel St. Georg fuhren wir in das ein paar Kilometer von Neustadt/Dosse entfernte Gestüt Eichenhof in Wutzetz.

Kasten Orgis, der Hausherr, begrüßte die Gäste, unter denen sich auch als am weitesten angereiste Teilnehmerin Frau Gertrud von Fedak mit ihrer Nichte aus Venezuela befand. Bei einem kleinem Umtrunk fanden sich langsam alle Teilnehmer ein.

Da Josef Weiß bei unserem letzten Treffen 2012 in Seifhennersdorf in der sächsischen Oberlausitz über die Linienzucht gesprochen hatte, konnten diesmal mit den Hengsten Monsun und Madjid sowie Shagan und Salazar S zwei Äste des Shagya XVII vorgestellt werden (siehe Tabelle). Mit diesen beiden Hengstlinien besteht die Möglichkeit, mit den Töchtern des jeweiligen anderen Astes eine Linienzucht auf Shagya XVII zu betreiben. Die vier Hengste wurden den Teilnehmern in der Halle an der Hand gezeigt.

An Kabu Khan demonstrierte Herrn Josef Weiß,

Bilder und Skulpturen von Gabriele Haslinger.

Dr. Scabá Szilágyi bereitet den Feuertopf vor.

Shagya-Araber 83

Oben: Karsten Orgis begrüßt die Gäste an der Reithalle.

Unten: Monsun an der Hand von Julia Bungenstock. Er gehört zum Stamm des Shagya XVII über den Ast des Shagya XXXIX.

wie ein Richter ein Pferd gern bei der Körung oder einer Schau sehen würde, um eine Beurteilung korrekt abgeben zu können. Hier ein Lob für Kabu Khan, der ruhig wie ein Standbild eine gute Aufstellung zeigte.

Nach so viel Theorie gingen die Teilnehmer unter Führung von Karsten Orgis zu den Jungpferden und Stuten auf die weitläufigen Weiden. Von dort zurück erwartete die Gruppe der bereits am Vortag vorbereitete köstliche Feuertopf von Dr. Szabá Szilágyi. Für das reichhaltige Büffet mit Salaten und vielen Köstlichkeiten sei auch hier nochmals ein Dank an die Spender ausgesprochen. Alle Gäste genossen unter Zelten die Mittagspause im Sonnenschein mit angeregten Gesprächen über die Pferde in vollen Zügen.

Für den Nachmittag waren Vorführungen angesagt. Julia Bungenstock zeigte Monsun über kleine Sprünge, da der Hengst nach einer Verletzung noch vorsichtig geritten werden musste. Aber Monsun hatte schon wieder Spaß, was man ganz deutlich an seinen kleinen Pucklern zu sehen bekam. Auch die bekannte Orgis-Quadrille durfte nicht fehlen. Der Schwierigkeitsgrad war erneut erhöht wor-

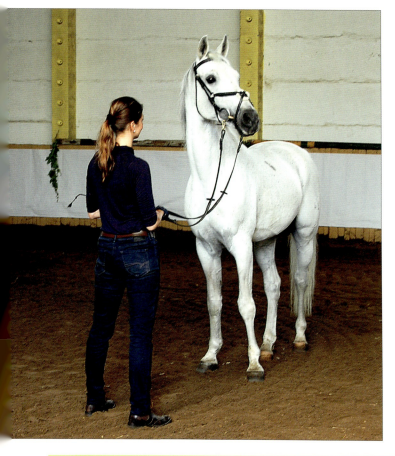

Madjid, der Sohn von Monsun, ist der Jüngste der Linie Shagya XXXIX.

Der fünfunzwanzigährige Shagan an der Hand von Dr. Walter Huber.

Stamm des Shagya XVII mit den Hengsten aus Deutsachland

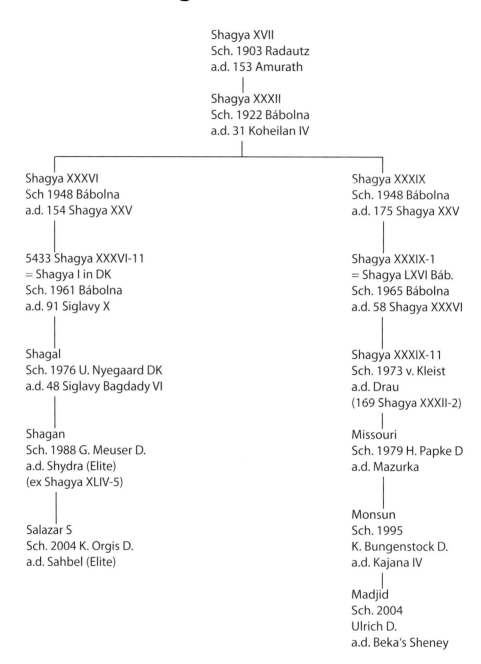

den. Acht Pferde im Gleichklang zu sehen ist immer wieder schön. Die beiden Hengste Madjid unter Julia Bungenstock und Kabu Khan unter Dr. Szabá Szilágyi boten anschließend gemeinsam kleine Dressuraufgaben.

Danach zeigte Karsten Orgis Sicherheitstraining in einer Reitstunde für Anfänger. Die Reiter sollten lernen, auch in ungewöhnlichen Situationen die Ruhe zu bewahren. Auch kleine Sprünge sind zu überwinden, wenn im

Oben: Josef Weiß erklärt den Zusammenhang des Hengststammes Shagya XVII.
Mitte: Salazar S, Sohn von Shagan, ist der ganze Stolz von Karsten Orgis
Unten: Kabu Khan in guter Aufstellung für eine Beurteilung.

Gelände über im Weg liegende Baumstämme das nötig machen. Pferde und Reiter machten ihre Sache perfekt. Der krönende Abschluss dieses Nachmittags war die Dressurvorstellung von Vivian Orgis mit Salazar S.

Am Abend traf man sich wieder im Parkhotel Sankt Georg in Neustadt/Dosse. Bei gutem Essen wurde über den schönen Tag bei Familie Orgis noch lebhaft gesprochen. Als Abschluss des Abends zeigte Dr. Walter Huber eine Diaschau über seine Reisen zu den Shagya-Arabern in vielen Ländern.

Nach einem gemütlichen Frühstück fuhren wir zum Landgestüt Neustadt/Dosse. Wir wurden im Landstallmeisterhaus von Herrn Dr. Müller begrüßt. Als Erstes stand ein Rundgang durch das Museum auf dem Plan. Dr. Müller erklärte an einem Diorama der Gestütsanlage die Gebäude und deren Nutzung. Darüber hinaus waren die historischen Bilder von den alten Hengsten des Gestütes sehr interessant.

Der Weg in die Besamungsstation führte uns in die Gegenwart des Gestütes zurück. Dieser Komplex mit angrenzendem Hengststall ist nach der Wende gebaut worden

Oben:
Die Jungpferde beobachten die näher kommenden Besucher.

Mitte:
Karsten Orgis erklärt den Teilnehmern die einzelnen Jungpferde.

Unten:
Das Mittagessen wurde auf der Weide in und vor dem Zelt eingenommen.

und nach dem neuesten Stand eingerichtet. Herr Garbe erklärte anschaulich den Ablauf vom Absamen bis zum Versand des Samens. Im Hengststall mit den Hauptbeschälern von Neustadt/Dosse haben die Teilnehmer nur so gestrahlt. Wann konnte man den Hengst Quaterback schon einmal aus solcher Nähe betrachten. Alle Hengste waren ruhig und gelassen und an den Besuchern interessiert. Man hätte diese Pferde gerne noch viel länger betrachtet, aber draußen wartete schon der mit Friesen bespannte Kremser auf uns.
Die Fahrt ging durch Wiesen und Wälder und an den Junghengsten vorbei zu den Jungstuten und nicht tragenden alten Stuten. An der Weide mit den Stuten und Fohlen war ein Halt eingeplant.

Alle Fotos zu diesem Bericht stammen von Ingrid Zeunert.

Oben:
Julia Bungenstock springt mit Monsun noch sehr vorsichtig.

Mitte:
Madjid unter Julia Bungenstock.

Unten:
Kabu Khan wird von Dr. Szabá Szilágyi sehr gut geritten.

Unsere Freude war groß, dass wir die Stuten und Fohlen direkt auf der Weide betrachten konnten. Die Fohlen waren sehr zutraulich, und manch einer von den Besuchern hätte wohl gern solch ein Fohlen mitgenommen. Die Shagya-Araber-Züchter diskutierten hier angeregt mit Dr. Müller über die Zucht und ihre Möglichkeiten.

Aber auch der schönste Besuch geht einmal zu Ende. So ging die Fahrt zurück in das Gestüt. Alle Teilnehmer bedankten sich noch einmal bei Herrn Dr. Müller für die ausführliche Führung durch Museum und die Gestütsanlagen.

Es wurde Abschied genommen, und jeder der Teilnehmer machte sich mit vielen Eindrücken auf den Heimweg.

SHAGYA-ARABER im Internet: www.zeunert.de

Links oben:
Verena Orgis führt die Quadrille an, gefolgt von ihrem Mann Karsten und Tocher Vivian.

Links Mitte:
Salazar S unter Vivian Orgis in einer Musikdressurkür.

Links unten:
Dr. Walter Huber hielt am Samstagabend einen Bildvortrag über Shagya-Araber weltweit.

Dieskussion mit Dr. Müller über die Zuchts des Landgestüts.

Stuten mit Fohlen des Jahrgangs 2013.

Links oben: Der Raum im Museum mit den Fotos von bedeutenden Hengsten, die im Gestüt gewirkt haben.
Links Mitte: Reiner Feuerpeil, Josef Weiß und Dr. Jürgen Müller, der das Diorama vom Gestüt erklärt.
Links unten: Besichtigung des Hengststalls.

Rechts oben: Treffpunkt war das Landstallmeisterhaus der Stiftung Brandenburgisches Haupt- und Landgestüt Neustadt (Dosse).
Rechts unten: Dr. Jürgen Müller und der Star des Gestütes, der Hengst Quarterback.

Shagya-Araber 91

LENKORAN

Klassensieger ISG-Europachampionat 2013

SHAGYA-ARABER - bürgt für Charakter, Adel, Leistung, Schönheit
Körung Alsfeld - geb. 30.6.2001– Stm.: 162 – HLP Marbach

Nachzucht von Lenkoran kann besichtigt werden.
Karl Wenninger, Seewiesenstr. 20, 74626 Bretzfeld. Tel.:07946/6266
E-Mail: heike-charly-wenninger@web.de

www.shagyaaraber-hemmer.at

Fam. Hemmer
Pichling 268
A- 8510 Stainz
0043 664 5676172

Stallion "Geydan"
(Gips ox × Nofretete), geb. 1996
(Europachampion 1999)

Shagya Araber
GESTÜT DELLE RIVE
Verkaufspferde aus Offenstallhaltung

H.Peter Windrath
Via delle Rive 8
33081 Aviano (PN)
tel. +39 (0)434 660658
cell. +39 347 2249920
www.shagya.it

Sheitan (Mersuch XIX 37)
(Mersuch XIX - El Sbaa VIII-5)

Maalic Ibn Mersuch
08.04.2008
(Mersuch XIX 37-O'Bajan XVIII-9)

2012 Körungsieger
    Stadlpaura (A)

2013 HLP Sieger
    Stadlpaura (A)

2013 1° Platz 40 km
    Glainach (A)

1° Platz 60 km
    Manzano (I)

2014 1° Platz 60 km
    S.Vito (I)

peter.w@shagya.it

Dr. Walter Huber

Svetlozar Kastchiev
* 1968 - † 2013

Mit dem Tod von Svetlozar Kastchiev hat uns ein großartiger Pferdemann verlassen. Nie hat er sich aufgedrängt. Sein Auftreten war stets zurückhaltend und bescheiden. Vor vielen Jahren (1999) habe ich ihn bei einer Hengstpräsentation in Kreuth kennen gelernt. Daraus entwickelte sich eine intensive Freundschaft. Wiederholt habe ich ihn im bulgarischen Nationalgestüt Kabiuk besucht.

Er war dort seit 1993 Gestütsleiter, wo er eine große Aufgabe bewältigte. Das Gestüt beherbergt etwa 400-500 Pferde. Das Rassespektrum ist groß. Es reicht vom Shetland-Pony über beide Araber-Populationen (AV und Shagya) und die Englischen Vollblüter bis hin zum Ostbulgarischen Warmblut. Letztere entsprechen unserem modernen Warmblüter. Auch Haflinger tummelten sich auf den Weiden.

Svetlo Kastchiev war ein hervorragender Dressurreiter. In Serie war er mit seinem Tarzan Bulgarischer Meister und auch Balkan Meister. Für ihn stand als Zuchtziel bei allen Rassen die Brauchbarkeit als Reitpferd im Temperament und im Gebäude im Vordergrund. Er war Vorsitzender der bulgarischen Reiter FN und Turnier-Richter sowie Zuchtrichter bei den Shagya-Arabern.

Geschickt holte er sich von allen wichtigen Hengststämmen Shagya-Araber Hengste in das Gestüt. Vor den politischen Veränderungen in Europa waren die hervorragenden Shagya-Araber, die Mefistofel, Fram und Zefir als Väter hatten, »outcross«.

Als ersten Hengst schickte das Ehepaar Conradty den Hengst Daru (Djardan/Tura) nach Kabiuk. Dort wurde er Taru genannt. Dieser Hengst ist ein europäisches Spitzenprodukt unserer Zucht. Er hat es auch in anderen Ländern, wie z.B. in Skandinavien bewiesen. Seine Söhne in Kabiuk, Temp und Trapper sind von hervorragender sportlicher Qualität. Temp springt »wie ein Warmblüter«. Trapper war Landesvizemeister in der Vielseitigkeit. Beide sehen trotzdem wie Shagya-Araber aus.

Mit dem Hengst Shagya-Burla (Raon/Burla) kam das Blut aus Radautz nach Bulgarien. Über Shagan (Shagal/Shydra) sicherte sich der Gestütsleiter die Linie des Shagal.

Über Gefriersamen wurde A'Bajazzo (Amor/Barkarole) eingesetzt. Amor ist ein prägender Beschäler unserer Zucht. Über Barkarole kam das wertvolle Blut der Stute Bábolna dazu. Sie ist eine ganz Große in unserer Population, ähnlich der Pamina. Aber auch Pamina kommt über ihren Enkel und Pamino-Sohn Janus zum Zuge. Seit 2007 ist er Hauptbeschäler in Kabiuk. Er scheint besonders gut zu den Stammstuten zu passen.

Kabiuk ist ein wertvoller Genpool unserer Zucht. Wir verdanken ihn dem Weitblick von Svetlozar Kastchiev. Im April 2013 hatte ich das Vergnügen mit ihm den zweiten amerikanischen Shagya-Araber-Verband PShR (Performance Shagya Registry) bei seiner 1. Eintragungs-Veranstaltung zu unterstützen. Hier erlebte ich die ganze Bandbreite seiner hippologischen Kompetenz. Er riss die Damen und Herren förmlich mit sich. Sein sicheres Auge bei der Pferdebeurteilung und seine Erfahrung im Umgang mit den Pferden beispielsweise im Freispringen offenbarten sich sportliche Talente, von denen die Besitzer nichts ahnten. Alles wurde behutsam von ihm dirigiert. Gegen Ende der Veranstaltung brachte er den Teilnehmern bei wie der Heißbrand bei Pferden gesetzt wird.. Das war ein absolutes Novum in den USA.

Svetlozar Kastchiev war ein hervorragender Pferdemann. Wer ihn erlebte, war fasziniert von seiner Kompetenz. Ständig bildete er sich weiter. Er war ein Meister in der künstlichen Besamung und ein Fachmann des Ultraschalls. Diese Fertigkeiten erwarb er sich in Deutschland, was ihm die Möglichkeit gab, in Bulgari-

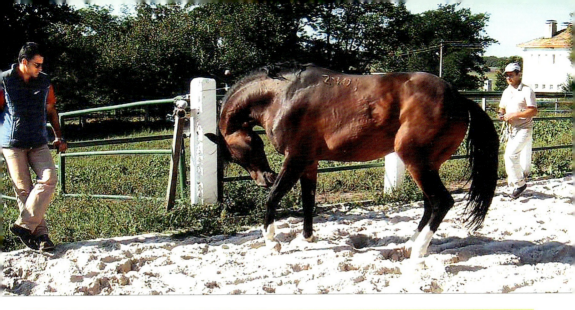

Tazan war das Reitpferd von Sevtlozar Kastchiev, mit dem er mehrfach Balkan-Meister wurde.

en neue züchterische Wege mit Pferden aus Deutschland, Österreich und Frankreich zu gehen. Er nützte das vor allem bei den Warmblütern und bei den Arabern. Dadurch kam er zum Beispiel auch an die Gene der hervorragenden Vollblutaraber Frankreichs, die Seriensieger im populären Distanzsport sind.

Svetlozar Kastchiev Tod ist eine Tragödie für seine Familie und ein schmerzhafter Verlust für seine Freunde und Weggefährten. Die Pferdezucht und der Pferdesport in Bulgarien haben einen wichtigen Promotor verloren. Wir trauern alle um ihn.

Mitte: Svetlozar probierte Shagan unter dem Sattel.
Fotos (2): Dr. Walter Huber
Unten: Svetlozar Kastchiev (links) als Richter beim ISG-Championat 2013 in Marbach. Außerdem mit im Bild Peter Hegemann, Michal Horny und Adele Furby.
Foto: Ingrid Zeunert

Claudia Brodesser

Saramour – vom Fohlen zum Elitehengst

Ich behaupte einfach, dass es der Traum eines jeden Züchters ist, so erfolgreich zu sein, wie wir mit unserem Hengst Saramour.
Schon bei Sarazena (Salome/Saphiro) waren wir uns sicher in der Zucht den richtigen Weg eingeschlagen zu haben. Mit der Anpaa-

Saramour spielte schon als Fohlen mit dem Ball.

rung Sarazena/Kamour bestätigte sich unser »Bauchgefühl«. Saramour, überzeugte uns von ersten Augenblick mit seiner offenen, ehrlichen Art, sein Interesse an neuen Dingen, seiner Unerschrockenheit und seiner Lernbegierigkeit, und er war immer bereit zu allem möglichen Schabernack, wie zum Beispiel die Stutfohlen zu foppen. Im Alter von drei Jahren beschlossen wir endgültig ihn als Hengst auf zu ziehen, und diese Entscheidung war wieder

richtig. Im Jahr 2000 stellten wir Saramour in Alsfeld auf der ZSAA Körung vor, es wurde ein Erfolg. In einem Lot von 21 Hengsten wurde er Körungssieger, und von Dr. Wedekind bekam er die Worte mit auf den Weg: »Der Sonnyboy dieser Veranstaltung«.
Wieder zu Hause kam sein erster Deckeinsatz mit Fabricia. Zum Deckerfolg muss man wohl nicht viel sagen, denn aus der Anpaarung ging Famour hervor. Alle Nachkommen von Saramour zeigen seine Leistungsbereitschaft und seinen einwandfreien Charakter. Nur um einige zu nennen:
- D'amour, gekört, HLP und Western-HLP, die VZAP-HLP in Hünfeld sowie Turniererfolge.
- Obsidian, erfolgreich unter seiner Besitzerin Diana Bieber auf vielen Westernturnieren.
- Fioula hat die Stutenleistungsprüfung abgelegt.
Die Hengstleistungsprüfung von Saramour erfolgte 2002 in Kreuth. Bei der Prüfung wurde er im Springen sowohl von Bruno Six als auch von Stefan Leistner-Meyer mit der Note 9 beurteilt. Was wünscht ein Züchterherz sich mehr.
Es folgten vier Jahre, in denen Saramour erfolgreich unter seiner Reiterin Monika Seufert startete und mit beständig guten Leistungen überzeugte.
Nebenbei gab es tolle Schauerfolge bei vielen Veranstaltungen, auf denen Saramour unsere Rasse erfolgreich und charmant präsentierte, so unter anderem:
- 2003 Wettspringen gegen einen Warmbluthengst im Reitverein Bad Neustadt-Lebenhan. Saramour unter Uli Groß. Leiter und Moderator der Veranstaltung war Bruno Six.
- 2004 Faszination Pferd in Nürnberg, Auftritt als Pegasus mit Monika Seufert.
- 2008 Showprogramm bei der WM in Aachen, Saramour unter dem Damensattel mit Monika Seufert.
Inzwischen hat Saramour ein Alter erreicht in

3x Saramour mit Monika Seufert 2004 in Neustadt (Dosse).
Fotos: Marinane Schwöbel (2)
Ingrid Zeunert (1)

welchem er sich sozusagen auf seinen Lorbeeren ausruhen darf. Er genießt sein Koppelleben und ist mir ein zuverlässiger Partner bei unseren Ritten.

Noch immer macht es ihm riesigen Spaß Kunststückchen zu erlernen, und er überrascht uns auch mit eigenen »Kompositionen«, wie »Vorderbeine verschränken und sich dabei verbeugen«. Nur im Sattel sitzen darf man dabei nicht!

Auch wenn es inzwischen etwas ruhiger um Saramour geworden ist, er freute sich schon die ganze Zeit auf dieses Frühjahr, wenn er wieder seine Damen »beglücken« darf und dann in den Pedigrees seiner Kinder stehen wird: Vater: Saramour, Elitehengst.

Dr. Walter Huber und Poldi Wögler

Leopold Wögler sen.
*1943 - † 2013

Als kleiner Bub war Leopold Wögler 1946 aus dem Sudetenland nach Buchen im Odenwald gekommen. Später hat er hat dort seine Frau Doris kennen gelernt, und sie haben 1965 geheiratet. Die beiden Söhne Leopold, genannt »Poldi«, und Andreas kamen zur Welt.
1972 ist das erste Kinderpony gekauft worden,

Leopold Wögler sen. ist 2013 gestorben.

eine Norweger-Mix Stute. Bei Bekannten kam man in Kontakt mit Welsh-Ponys, von denen man bald ein weiteres Pony erwarb. Die ersten Fohlen wurden bald geboren. Über die edlen Welsh-Ponys war man zum Araber gekommen. Die Araber sah man lebend zum ersten Mal 1976 in Darmstadt-Kranichstein auf einer Hengstkörung. In diesem Rahmen fand damals im Anschluss immer ein Fohlenmarkt statt. 1978 hatte man sich das schönste Fohlen ausgesucht und gekauft. Dass es ein Shagya-Araber war, ist zunächst Zufall gewesen, denn es war einfach das schönste arabische Pferd mit dem rassetypischen freundlichen Wesen. Auf der Euro-Cheval in Offenburg sah man im Folgejahr im Schauprogramm einen Zweispänner mit aus Bábolna stammenden Shagya-Araber-Stuten in ungarischer Anspannung. Mit den Ponys war man bereits Kutsche gefahren und wollte das ebenso mit den Arabern. 1980 fuhren Leopold Wögler und Doris Wögler nach Bábolna und erwarben einen Zweispänner mit Shagya-Araber-Stuten.
Diese beiden Stammstuten waren Töchter von arabischen Vollblütern, und beide hatten kapitale Shagya-Araber als Mütter: Faraga von Farag I a.d. hervorragenden 68 Gazal VII aus Bábolna und Noblesse von Grand Jupiter AV. a.d. Nadijah (O´Bajan I/Nedda), Züchterin Frau Schwab Gampert. Aus diesen Stuten entstanden die F- und die N-Linie im Gestüt Wögler. Verwendet wurden vor allem die Hengste Bartok, Priamos, Pamino und Shagal, aber auch Balaton, Nicolo, Paris und Silas. Die Linie der Faraga entwickelte sich durch die Anpaarung mit dem mächtigen und ganggewaltigen Shagal zur bedeutendsten Linie im Gestüt Wögler. Mit Bábolna war man besonders über Tamás Rombauer, in guter Verbindung geblieben. Nach Öffnung der Grenzen und Neuorientierung der Zuchtausrichtung in Bábolna hatte Leopold Wögler dem Gestüt Bábolna drei seiner Stuten zur züchterischen Nutzung zur Verfügung gestellt, davon zwei Töchter des Pamino und eine Bartok-Tochter.
Im Gestüt Wögler kamen zur Freude des Züchters ein überdurchschnittlich hoher Anteil an Stutfohlen zur Welt. 1998 hat man eine eigene Reithalle gebaut. Es wurde viel geritten, und so konnte man Pferde mit altersgerechter Ausbildung anbieten und verkaufen. Auch die Zucht wurde fortgesetzt. Ein Beispiel ist der gekörte Hengst Nobelio (Noblesse/Bafir), der nach seinem Verkauf als Wallach mit seinem neuen Besitzer Bayrischer Meister im Distanzreiten wurde.
Über die Shagal-Tochter Farina XIII war man in

Leopold Wögler im März 2013 mit der dreijährigen Stute Safira v. Farid . *Fotos (2): Poldi Wögler*

Kontakt mit Dr. Walter Huber gekommen. Mit ihm zusammen wurde die reiterliche Verwendung der Shagya-Araber gefördert. Im Gestüt Wögler wurden von Dr. Huber für Besitzer von Shagya-Arabern Reitkurse abgehalten. Das Jagdreiten hinter der Meute auf Shagya-Arabern wurde begonnen. Die Shagya-Araber-Zucht im Gestüt wurde internationaler. Es entstanden Kontakte nach Amerika. Man ging gemeinsam auf Reisen, bei denen die Gestüte des Ostens besucht wurden und bekam so die Breite der Shagya-Araber-Zucht zu sehen.

Für das Gestüt Wögler war in den vergangenen Jahren eine engere Zusammenarbeit mit dem Shagya-Araber-Gestüt von Ingrid Früchtenicht in Schleswig Holstein entstanden. Hier kam es zu einem Austausch von Pferden, was eine verbesserte züchterische Nutzung guter Pferde ermöglichte. Der Zuchthengst Farid des Gestüts Wögler war 2008 für eine Decksaison bei Frau Früchtenicht aufgestellt worden. Zugleich wurden von Leopold Wögler bei Frau Früchtenicht Stuten angepachtet und erworben, um diese mit Farid zu belegen. Aus Altersgründen hatte sich Leopold Wögler 2011 entschieden, die Hengsthaltung aufzugeben. Farid wurde von Ingrid Früchtenicht gekauft.

Aus der Wöglerschen Zucht gingen zwei Spitzenhengste hervor.

- Bafir von dem bewährten Bartok a.d. Farina XIII (v. Shagal). Er war einige Monate bei Dr. Huber im Beritt. Sein Auftritt bei der Hengstpräsentation in Kreuth gelang gut.

- Der leuchtende Fuchs Farid v. Silas a.d. Farina XIII (v. Shagal), Stm. 163 cm, ist ein als Veredler ein Beschäler der Zukunft. Er verbessert die Zucht. Er hat Rahmen, arabischen Adel, schwungvolle Bewegungen und vor allem Rittigkeit. In Marbach hat er eine gute HLP abgelegt.

Herr Wögler war hinsichtlich der Zucht noch voller Pläne. Es ist eine große Tragik, dass eine heimtückische Krankheit das zunichte machte. Die Shagya-Araber-Zucht hat einen großartigen und passionierten Züchter verloren, und wir einen liebenswerten Menschen. Wir trauern alle um ihn.

Aber seine Arbeit wird fortgeführt. Für Ehefrau Doris und Sohn Poldi ist es eine Verpflichtung im Sinne des Vaters weiter zu machen.

Dr. Walter Huber

PShR-Inspection
6.-7.4.2013 in Illinois/USA

»Performance Shagya - Arabian Registry« (PShR) nennt sich der nun der zweite von der ISG anerkannte Verband in den Vereinigten Staaten. Performance (engl.: Leistung) haben sich die Initiatoren auf die Fahnen geschrieben. Die Geburtsstunde war im Juli 2012 in Wien bei der ISG-Delegiertenkonferenz. Jetzt sollte das Kind aus der Taufe gehoben werden, sozusagen mit einem Paukenschlag.

Man hat sich dafür Hilfe aus Europa geholt. Eingeladen wurde Svetlozar Kastchiev. Er war Leiter des bulgarischen Nationalgestütes Kabiuk mit seinen 500 Pferden, mehrfacher Dressur-Champion von Bulgarien und des Balkans, Vorsitzender der FN Bulgariens und anerkannter Turnierrichter für Dressur, Springen und Vielseitigkeit. Er war ein echter Profi.

Mit ihm reiste Dr. Walter Huber, mit Leib und Seele und enthusiastischer Shagya-Araber-Anhänger und Trakehner-Mann, besonders, wenn Letztere Shagya-Araber-Blut führen. Er ist weit herum gekommen, und er kennt viele der weltweit verstreuten Zuchten unserer Rasse. Er ist Amateur mit langjähriger Erfahrung. Er hat in allen Sparten des Turniersports geritten. Er sitzt heute noch täglich im Sattel. Gelegentlich nimmt er noch an Meutejagden teil.

Selbstverständlich gab Svetlozar Kastchiev den Ton an. Man konnte es gar nicht besser machen, als er es tat. Seine guten Kenntnisse der englischen Sprache halfen ihm dabei.

Die Shagya-Araber und die Shagya-Araber-Sporthorses (damit sind die Pferde mit hohem Shagya-Blutanteil gemeint) wurden tierärztlich untersucht, gemustert, an der Hand und im Freilaufen gezeigt. Außerdem wurde ihre Reiteignung unter dem gewohnten Reiter und von zwei Fremdreitern geprüft. Die Springeignung (Manier und Vermögen) wurde beim Freispringen getestet. Natürlich mussten die Pferde und ihre Besitzer/Reiter das alles erst lernen, denn diese Übungen waren bislang

 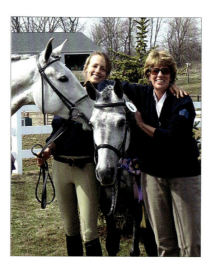 

Links: *Svetlozar Kastchiev und Dr. Walter Huber mit der Stute WineGlas Dora v. Max a.d. WineGlas Diva v. Budapest, gezogen von Linda Rudolphi, vorgeführt von Lauren Hamm.*
Mitte: *Von links WineGlas Grace, Dr. Olivia Rudolphi, WineGlas Dora und Linda Rudolphi.*
Rechts: *H. WineGlas Grace (High Point Shagya-Sporthorse) wurde von Dr. Olivia Rudolphi vorgeführt.*
Fotos (5): Tim Kemmis/Archiv Linda Rudolphi

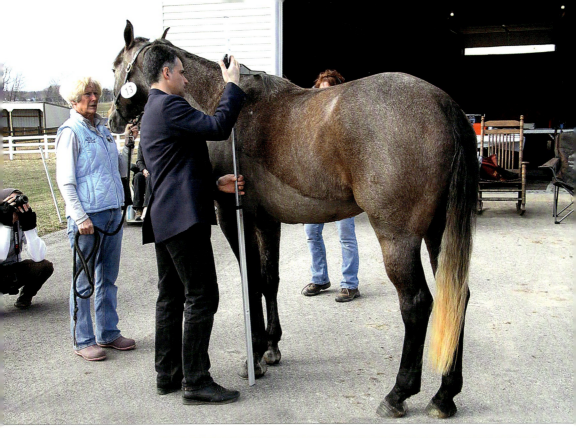

Marty Power sieht Svetlozar Kastchiev zu, wie H. WineGlas Soave gemessen wird.

unbekannt und unüblich. Geduldig und mit etwas Nachdruck haben es schließlich alle begriffen. Der Interieur-Test wurde nach unserem Muster abgehalten.

Jeder Abend wurde festlich begangen. Fotos unter dem Motto »Shagya-Araber weltweit« oder kleine Filme würzten den Abend. Das Gespräch über unsere Pferde kann nie enden. Veranstaltungsort war die »Run Along Farm«. Sie ist im Besitz von Julie und Dough Biegert in Geneso bei Moline. Beide sind sehr passionierte Pferdeleute. Sie reiten Distanzen. Julie ist auf langen Strecken international unterwegs. Sie bevorzugte bisher kräftige, sportliche Vollblutaraber. Die Shagya-Araber haben ihr gut gefallen. Sie will beim Shagya-Araber Hengst Max v. Amurath Samurai decken lassen. Das Gestüt bot alle Möglichkeiten, die man für eine derartige Veranstaltung braucht. Die Mitglieder der PShR-Gruppe machten mit Begeisterung mit. Die Leute wollten lernen, wie wir es in Europa tun. Man kann davon ausgehen, dass in Zukunft der PShR nach europäischem Standard arbeitet.

Die »Run Along Farm« von Julie Jackson-Biegert in Geneseo, Illinois, war der Veranstaltungsort.

H. WineGlas Gideon wird von Dr. Rachel Boyce geritten. Fotos (5): Tim Kemmis/Archiv Linda Rudolphi

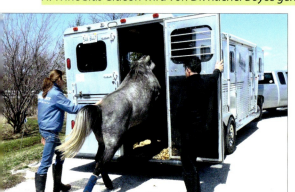

Oben: *Svetlozar Kastchiev und Dr. Olivia Rudolphi verladen die Pferde für die 482 km lange Fahrt zur WineGlas Farm. Alle Shagya-Araber mussten das Freispringen erst lernen.* **Unten:** *Die WineGlas Stuten vor der Rückfahrt. WineGlas Debonair mit Chris Power und SA Te Jat (r.) mit Marty Power.*

Horst Günter Bartmer

Kutschfahrt von Buxtehude/Immenbeck nach Bábolna

Um es gleich vorweg zu sagen, bis nach Bábolna haben wir es nicht geschafft, aber dreimal schon hatten mich Familienbande die etwa vierhundert Kilometer lange Strecke per Hufschlag in die Magdeburger Börde nach Löbnitz a.d. Bode gelockt. Daher sollte die Fernreise diesmal hier beginnen.

Dabei waren zwei Shagya-Stuten, Dimitra v. Estoril a.d. Dina und Dorina v. Shagal a.d. Dina, sowie eine umgebaute Wagonette mit aufgesatteltem, klappbaren Zelt. Und diesmal nicht nur mit Fahrer los, sondern auch mit einem Begleiter. Als pensionierter Dekan der Hochschule 21 Buxtehude war Dr. A. Beyer zwar kein Pferdemann, aber ein ausgesprochen guter Navigator. Das war vor allem beim »Querbeetfahren« besonders wichtig. Dazu zeichnete er sich nicht nur als guter Koch sondern auch als stimmungsvoller Sänger mit Gitarre aus. Uns beide verbindet seit diesem Erlebnis eine dicke Freundschaft.

Auf die Wagonette hatte ich nach längerem experimentieren das klappbare Zelt aufgebaut. Darunter wurde das Kraftfutter mit ausreichenden Mineralsalzen, ein E-Zaun und alles weitere Erforderliche verstaut. Dazu gehörten auch Teekocher, Wasser, Erste-Hilfe-Material für Pferde und Menschen, Kleidung und dergleichen mehr.

Ich wollte nie das Verhältnis Pferd zu ziehender Last von 1:1 überschreiten. Also Kutsche 500 kg und Zuladung einschließlich Fahrer und Begleitung 500 kg gegen meine beiden Shagya-Araber Stuten mit zusammen 1000 kg. Dimitra und Dorina waren in einem guten Trainingszustand und konnten Tagestouren von 80 km in der Norddeutschen Tiefebene schaffen. Mit dem Thüringer Wald, dem Thüringer Schiefergebirge, dem Fichtelgebirge und dem Bayrischen Wald hatten wir eine sehr schwierige Strecke bei Temperaturen von 35°, ja sogar bis 40° zu überwinden. Schnell hat sich gezeigt, dass lange Strecken mit 10% Steigungen

Nach einem Halt in Löbnitz bereit zur Weiterfahrt.

und mehr sowie Längen von 6 km bei diesen Temperaturen nur im Schritt sowohl bergauf als auch bergab zu meistern waren. So konnten an schweren, heißen Tagen nicht achtzig sondern schon vierzig Kilometer eine gewaltige Leistung für die Pferde sein.

Seit 2005, als ich endgültig Altenteiler wurde, machte ich einmal im Jahr so eine Fernfahrt mit festem Ziel aber ohne feste Route. Abends wird irgendwo nach einem Nachtquartier, ob

Am 14.7.2013 wurde dieses Nachtquartier vorbereitet.

auf der Weide oder in der Box, gesucht. Geschlafen wird auf der Kutsche. Immer wieder gibt es so höchst interessante Begegnungen mit Menschen unterschiedlichster Art, aber meistens liebevolle Gastgeber.

Noch wichtiger als die Menschen sind in diesem Fall aber natürlich die Pferde. Seit 2005, also vom ersten Tag an, immer noch meine treuen Begleiter. Ich fahre sie ohne Scheuklappen, ohne Gebiss und ohne Schweifpetze. Dimitra und Dorina sind im übrigen Halbschwestern, die 1998 und 1999 geboren wurden.

Den schwierigen Weg durch das Gebirge habe ich bewusst gewählt. Auf dem Marktplatz von Cham im Bayrischen Wald steht ein ungewöhnliches Denkmal mit einem Vorfahren von mir, Feldmarschall N. Graf Luckner. Er wurde in Cham geboren und 1794 als Oberbefehlshaber der französischen Armee während der nachrevolutionären Unruhen in Paris enthauptet. Er war ein begnadeter Reiter, und diesen Mann wollte ich in Augenhöhe begegnen, nicht vom Sattel sondern vom Kutschbock aus. Das erste Ziel war also erreicht.

Danach ging es ins Donautal. Das schreckliche Hochwasser des Sommers 2013 war gerade überstanden, aber die Zerstörungen waren immer noch sichtbar. Begrüßt wurden meine armen Pferde nicht nur von der wieder »blauen Donau«, sondern auch von Scharen von Mücken und Bremsen, letztere nicht nur am Hals und auf der Kruppe, sondern auch ganz gemein unter dem Bauch. Abgesehen von einigen Wirtschaftswegen sind wir auf dem Donau-Radweg gefahren. Das ist zwar nicht erlaubt, aber so gut wie alle Radfahrer waren erbaut über unser Gespann, auch wenn es bei diesen »Treffen« manchmal ganz knapp wurde. In Österreich war kurz vor Linz erkennbar, dass wir in dem noch vorhandenen Zeitfenster Bábolna nicht mehr erreichen konnten. Um den Heimweg mit dem PKW und Anhänger nicht unnötig zu verlängern, haben wir uns für eine Rückkehr nach Passau entschieden.

Wir haben insgesamt eintausend Kilometer zurückgelegt. Die Hufeisen haben gehalten. Die Pferde haben zwar trotz voller Krippe an Gewicht verloren, aber trotzdem nie ihre Leistungsbereitschaft.

Als Shagya-Araber-Freund muss ich zum

Fahrer und Beifahrer waren am 21. 7.2013 in Cham angekommen.

Schluss noch erwähnen, dass ich stolz auf meine beiden Shagya-Araber-Stuten bin, die sich mit leichter Hand auch in schwierigsten Terrain, über kleinste Fähren, durch Großstadtverkehr und durch engste Gassen leiten ließen. Diese Reise war eine wahre Freude!

Das Gespann am im Text beschriebenen Denkmal in Cham.

Am 19.7.2013 wurde am Waldrand eine Mittagspause eingelegt.

Sylvia Neyer
Mit Jährlingshengsten spielerisch arbeiten

Vorgestellt werden hier die beiden Jährlingshengste Omero WM (geb. 31.5.2012) und Arion WM (geb. 17.6.2012), die wir 2013 von Frau Maike Trendl erworben haben.
Beide Fohlen sind vom Tag ihrer Geburt an praktisch mit uns aufgewachsen. Durch den nicht zu sehr stresst. Das sind auch unsere persönlichen Vorstellungen für die Arbeit mit den jungen Hengsten: Vertrauen und entspannte Situationen ohne Stress.
Gemeinsam fällt es den Hengstjährlingen leichter zu lernen. Wir haben Kontakt mit den

Omero steht auf dem Holzbrett.

Arion geht gelassen über die Fahne.

engen Kontakt, während wir die Mütter geputzt haben und die Fohlen immer bei Fuß waren, sind Omero und Arion sehr auf Menschen bezogen. Das Vertrauen und der Respekt sind automatisch entstanden, so dass aufhalftern, putzen und Hufe geben nach und nach von allein klappte, und wir ihnen das Fohlen ABC beibringen konnten.
Angebunden werden unsere »Kleinen« noch nicht, aber am Halfter führig sind Omero und Arion schon. Wir achten jedoch immer darauf, dass sie zu Zweit sind, und ein Spaziergang sie

Jährlingen und schauen regelmäßig auf der Weide nach ihnen und streicheln sie. Den größten Teil in diesem Alter lassen wie sie aber in der Herde. Sie stehen mit anderen Jährlingshengsten zusammen, und einem älteren Hengst der ihnen zeigt wo es lang geht. Das ist in dieser Zeit auch das Wichtigste, denn das kann kein Mensch einem Pferd bieten.
Nach dem Absetzen haben wir im Frühjahr 2013 als Abwechslung zum Weidegang nur mit Omero und Arion geübt. Wir nehmen dabei nur die Übungen, welche sie uns von al-

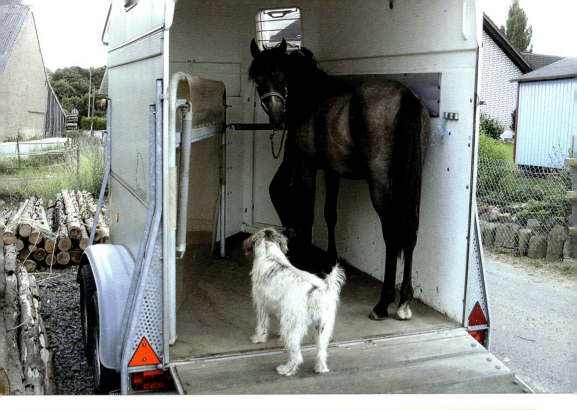

Auf den Hänger zu gehen ist für Arion kein Problem. *Privatfotos*

leine mit ihrer von Natur aus gegebenen Neugierde anbieten.
Dadurch, dass die Jährlinge schon mal von Weide zu Weide umgestellt werden müssen, nutzen wir diese Gelegenheit, sie meist mit zwei Pferden an den Stall zu holen und zu putzen. Nebenbei werden dann mal verschiedene Bodenbeläge ausprobiert, beispielsweise eine Plastikplane, eine Fahne mit grellen Farben oder Holzdielen.

Omiro und Arion gehen schon selbst in den Pferdeanhänger. Wir können Decken und Jacken auf sie legen, mit ihnen herumspazieren, einen Regenschirm aufspannen oder in der Halle spielen. Oft laufen sie mit uns zusammen auch ohne Halfter durch die Halle.
Wir haben viel Spaß mit den Beiden und das kommt durch gegenseitiges Vertrauen, Geduld, jede Menge Zuneigung und positive Bestätigung.

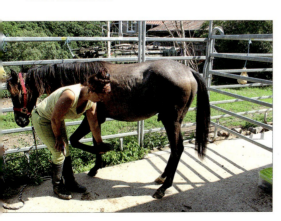

Arion lernt nebenbei die Hufe zu geben.

Omero hat keine Angst vor dem Regenschirm.

Shagya-Araber 107

Ingrid Zeunert

Erfolgreiche Shagya-Araber-Zucht der Familie Ing. Rudolf Meindl

Das Jahr 2013 war wohl eines der erfolgreichsten Jahre für die Zucht der Familie Meindl. Den Anfang machte die Stute Soraya mit einem sehr gutem Stutfohlen von Gazal XXI aus Bábolna. Beim ISG Championat 2013 in Marbach wurde dann Sina v. Odin a.d. Soraya Siegerin in der Klasse einjährige Stuten. Einem Herrn aus Belgien gefiel Sina so gut, dass er sie gleich in Marbach gekauft hat. Sina hat in der Zwischenzeit die Reise nach Belgien angetreten. Sie wird dort hoffentlich dazu beitragen eine neue Shagya-Araber-Zucht in Belgien aufzubauen.

Die nächste Tochter der Soraya, Scarlett v. Sahman, war in Marbach die Zweite in ihrer Klasse.

Zufrieden mit den Erfolgen fuhr die Familie nach Österreich zurück. Aber der Erfolg sollte weiter gehen. Am 27.7.2013 in Lhoiten wurde der Hengst Ovid v. Or Khan a.d. Leila v. Djardan gekört. Seine HLP hatte er schon ein Jahr davor bestanden. Ovid steht nach dem Tod seines Vater Or Khan nun als Nachfolger bei Familie Meindl im Deckeinsatz. Auch als Reitpferd wird Ovid sehr geschätzt, da er im Umgang, auch bei Ausritten mit Stuten ganz einfach zu händeln ist.

Die Stute Scarlett v. Sahman a.d. Soraya war Siegerstute der Stutbucheintragung des ÖAZV 2013.

Von links die Stute Mocca sowie Saba und ihre Mutter Soraya.

Herr Meindl mit Sina und Frau Meindl mit Scarlett. warten in Marbach auf den Auftritt.

Auch die in Topolcianky erworbene Stute 7892 Shagya XXX-10 v. Shagya XXX a.d. 702 Gazal III-16 geboren am 29.7.2009 in Topolcianky wurde in das Hauptstutbuch des ÖAZV eingetragen. 2014 wird von ihr ein Fohlen v. Sahman erwartet.

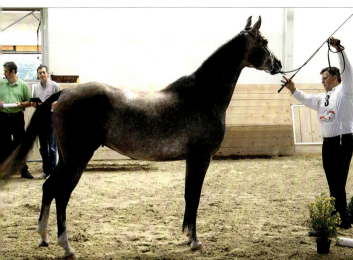

Siegerin der Stuteneintragung 2013 war Scarlett aus der Zucht und im Besitz der Familie Meindl. Foto: ÖAZV

Neu im Gestüt Meindl ist die Stute 7892 Shagya XXX-10 v. Shagya XXX aus der 702 Gazal III-16.
  Fotos (3): Ing. Rudolf Meindl

Sie grasen jetzt auf den immergrünen Weiden

Shagil (Shagya VI-5), Reserve-Sieger in Marbach, sprang über die Regenbogenbrücke

Shagil (Shagya VI-5), das fünfte Fohlen seines Vaters Shagya VI, war ein Vertreter der Hengstlinie SHAGYA or.ar. 1830 innerhalb der Shagya-Araber Rasse. Die Shagya-Araber sind von jeher als besonders leichtfutterig und leichtrittig bekannt. Jeder Offizier schätzte sich glücklich, wenn er einen Shagya-Araber reiten durfte. So auch alle Reiterinnen von Shagil. Sie waren über seine unendliche und immer währende Bereitschaft zur Mitarbeit begeistert. »Geht nicht, will ich nicht, kann ich nicht«, gab es nicht bei diesem Pferd!

Wir entdeckten Shagil 2005 anlässlich des Europa-Championates im Stammgestüt Bábolna, wo er vierjährig bereits im Hauptbeschäler-Stall einquartiert war, obwohl noch nicht gekört oder leistungsgeprüft. Er war recht hochbeinig, nicht so tief am Boden stehend wie unsere Stuten zuhause, und er schien uns daher mit seinem freundlichen Gesicht und großem Rahmen eine passende Ergänzung für unsere Zucht.

Seine Abstammung war erstklassig: Großvater Shagal war einer der bewegungsstärksten Hengste der Rasse, dabei gleichzeitig mit gutem Springpotential. Seine Mutter 176 Majesta (Egmont x Minerva v Balaton) stammt aus der Zucht von Ruth Pack und sie war »eine der besten Stuten des Gestütes Bábolna« (Zitat vom damaligen Gestütsleiter Tamás Rombauer). Immerhin hat sie neben Shagil noch zwei Hauptbeschäler für Bábolna geliefert. Shagils Vater Shagya VI stellte zwei Junioren-Champions und zwei Reserve-Klassensieger beim Europa-Championat 2013 in Marbach.

Shagil war auf einem Auge nach einer Verletzung im Fohlenalter blind und ließ sich anfangs schwer aufhalftern. Es dauerte einige Zeit, bis er wirklich bei uns angekommen war und Vertrauen zu mir fasste. Bei allem anfänglichen Misstrauen blieb

Shagil sprang über die Regenbogenbrücke.

Shagil *2005 in Ungarn beim Championat.* Foto: Carin Weiß

er aber stets außerordentlich fair und rücksichtsvoll. Auch neben Stuten ließ er sich mit Stimme und kleinem Finger regulieren.
Schon bei der Körung fiel im Freispringen sein Talent am Sprung auf. Bei der HLP wurde es mit 9,5, der höchsten Wertnote des Lotes belohnt. Nachdem wir gelernt haben, mit seinem Manko umzugehen, ihm ganz viel Kopffreiheit zu lassen, und er im Gegenzug auch immer mehr Vertrauen zum Menschen fasste, gab es später eigentlich keine Grenzen mehr beim Springen mit diesem Pferd. Wer es schaffte, ihn nicht allzu sehr zu stören, den belohnte er mit weichen Sprüngen aus jeder Lebenslage. Dieses Pferd hatte wirklich Gummi in den Beinen - wer ihn manchmal beobachten konnte, wenn er versuchte Gamaschen abzustreifen, war fasziniert, dass er nicht umkippte. Trabstangen sprang er perfekt als In-Out und In-Outs als Oxer oder Kombi. Dabei nahm er seine Reiter immer ganz geschmeidig mit. Seine Geschicklichkeit und Trittsicherheit war eine Lebensversicherung im Gelände und das perfekte Angebot für ambitionierte Dressurreiter! Shagya-Araber in Perfektion!!!!
Kurz vor seinem viel zu frühen Tod nahm er noch am Europa-Championat der Shagya-Araber in Marbach teil und wurde an der Hand unserer jungen Auszubildenden Inga Bliese Reserver-Sieger seiner Klasse. Seine Schaubilder unter dem Reiter wurden von vielen als die bestgerittenen Vorführungen der gesamten Veranstaltung dargestellt.
Er starb am 27. Juli 2013, wahrscheinlich an den Folgen einer Trombose. Wir vermissen ihn und freuen uns an seinen Kindern.
Wir haben zwei Töchter aus der Premium-Stute Thirza (Sulayman x Thaya v Shagya XXXIX-11) von ihm in der Zucht.
Die Ältere erwartet gerade ein Fohlen vom Europa-Champion Mathies.
Sein Sohn Shyro (Reserversieger seiner Klasse

Shagil

Oben: Shagil vor der HLP in Kreuth.
Foto: Archiv Carin Weiß

Mitte: Freispringen beim ZSAA 2011 in Alsfeld.
Foto: Betty Finke/ Archiv Carin Weiß

Unten: Schaubild 2013 in Marbach unter Inga Bliese.
Foto: Ingrid Zeunert

in Marbach) aus der Thegla von Bazar wurde in fördernde Hände verkauft. Thegla führt über die Radautz-Tochter Sabrina, der Mutter von Bazar, und über ihre Mutter Tobrok-62 (Enkelin der 711 Shagya X-37 Top.), die Shagya-Hengstlinien, die in Shagils Pedigree kaum vertreten sind: 8 seiner 128 Vorfahren in der 7. Generation sind Vertreter der verschiedenen Shagya-Linien (37,5 %)! Nach den ersten Reitberichten macht er seiner leistungsgeprüften Mutter und seinem

Vater alle Ehre, und es bleibt zu hoffen, dass dieses Juwel der Shagya-Hengstlinie besser genutzt wird, als es Shagil zuteil wurde. *Carin Weiß*

Borodin 1985-2014

Mit Borodin starb der letzte Sohn des Elite-Hengstes Beau. Seine Mutter Ayda v. Koheilan I DK trug auch den Titel Elite-Stute. Die Körung 1993 in Vechta verlies Borodin als Siegerhengst. Die HLP hatte er bereits mit der Note 108,56 in Marbach bestan-

Borodin 1999 in seinem Heimatgestüt »Feldenstein« der Familie Conradty. Foto: Irene Noll

den. Sein erstes Deckjahr verbrachte er 1994 in Österreich. Zur Körung vorgestellt wurde Borodin auch in Österreich und wurde Siegerhengst. Von 1996 bis 1998 war er nach Ungarn verpachtet und wurde dort als O'Bajan XXI geführt. In Österreich hat er zwei Stutfohlen und ein Hengstfohlen hinterlassen. In Ungarn sind es zwölf Stutfohlen und zehn Hengstfohlen. Nur wurde er, wie oft üblich, in Deutschland nicht genutzt. So ist von ihm nur ein Hengstfohlen geboren worden.

Er war ein geliebtes Reitpferd. Tamás Rombauer hat Borodin bei einer Jagd in Marbach geritten. Auf einer Veranstaltung hat Linda Telligton-Jones 1993 mit ihm gearbeitet. Als sie Borodin anschließend geritten hatte, war sie von seiner Rittigkeit besonders angetan.

Man kann kaum ermessen, was durch die Nichtverwendung von Borodin der Zucht in Deutschland verloren gegangen ist. I.Z.

Borodin
Linda Tellington-Jones arbeitete 1993 während eines Seminars mit Borodin im Labyrinth.
Foto: Ingrid Zeunert

Borodin
Links: Borodin hatte bei Linda Tellington-Jones große Begeisterung wegen seiner hervorragenden Rittigkeit ausgelöst.
Foto: Ingrid Zeunert
Mitte: Für die Jagd in Marbach hatte Familie Conradty Borodin Herrn Tamás Rombauer zur Verfügung gestellt.
Foto: Dr. Ewald Pigisch

Kelim Pascha 1990-2014

Kelim Pascha erhielt in Tschechien die Eintragungsnummer 975 Koheilan VIII-CZ. Er wurde 1990 als letzter Sohn von Koheilan II im Gestüt der Familie Conradty geboren. Seine Mutter war die aus Rumänien importierte Stute 310 Mersuch XIX-12 (Iswor). Er wurde von Familie Conradty an den Züchter Jiri Jirsa in Tschechien verpachtet. Bei ihm blieb Kelim Pascha bis zu seinem Ableben im Januar 2014. In Tschechien sind 22 Nachkommen von ihm eingetragen, davon sind zwei als Hengste gekört. Es sind 1759 Koheilan XIV (Sagan), geb. 2005 a.d. Sigla C-1644 v. Siglavy Bagdady II, Besitzer Jan Smid, und 1698 Koheilan XIII-CZ (Sherkel), geb. 2006 a.d. Sheraky C-1645 v. Shagya XXII (Top), Besitzer Jiri Jirsa.

Tibor 1987-2013

Mit Tibor ist ein weiterer Elite-Hengst aus dem Gestüt Reichshof von Frau Ruth Pack aus der Zucht ausgeschieden. Tibor wurde 1987 vom Elite-Hengst Bartok a.d. Elite-Stute Tatjana geboren. Aufgewachsen auf dem Reichshof, wurde er 1990 in Aachen Körungssieger.

Kelim Pascha als junger Hengst im Gestüt »Auf der Pfürch«. Foto: Ingrid Zeunert

Kelim Pascha in Tschechien. Foto: Otto Dlabola

Die HLP legte er mit Warmblütern im 100-Tage-Test 1993 in Neustadt (Dosse) mit der Note 94,24 ab. Kurz danach konnte Herr Tautermann Tibor für sein »Gestüt Kereja« am Irsee erwerben. Hier wurde Tibor geritten, und er ging mit Herrn Tautermann auf lange Wanderritte. Auch am Jagdreiterlehrgang 1996 in Marbach wurde teilgenommen. Auf einigen Zuchtschauen wurde er vorgestellt. Zuletzt in Schloss Kammer, Österreich gegen internationale Konkurrenz. Hier wurde Tibor nicht nur Klassensieger sonder auch Champion. Es war seine letzte Schau. Im Gestüt Reichshof wurde 1993 noch der gekörte Hengst Myklos a.d. Mykene geboren. Im »Gestüt Kereja« folg-

Tibor unter Walter Tautermann vor einem Landgasthaus. Foto: Dr. Walter Huber

Oben:
Tibor 1992 in Beuern.
Foto: Erwin Escher

Mitte:
Tibor wird am 8.9.1992 Besuchern vorgestellt.
Foto: Gaby Töllers

Unten:
Tibor, geritten von Walter Tautermann.
Foto: Dr. Walter Huber

ten der braune Taib Gazlan, geb. 1998 a.d. Nadine v. Nasralla.
Und dann Tawor, geb. 2001 a.d. Balaika v. Balaton. Taib Gazlan bestand seine HLP in Marbach 2003 mit der Note 91,30.
Sein Halbbruder Tawor folgte in Marbach 2006 mit der HLP und der Note 102,05.
Das Jahr 2003 war noch ein Höhepunkt in Tibors Deckeinsatz. Seine Söhne Taherr, geb. 2004 a.d. Shubani v. Zetan und Thasman, geb. 2004 a.d. Kayasha v. Shagal, wurde beide 2008 beim ZSAA in Alsfeld gekört.
Bei Familie Schiffner wurden aus der Stute Dayescha die Stuten Dara und Dakhira von Tibor gezogen. Sie vertreten die Stutenfamilie der Daheim.
Tibor war wohl einer der am meisten benutzten Hengste mit über achtzig Nachkommen.
Das »Gestüt Kereja« von Herrn Tautermann hat mit Tibor einen wichtigen Vererber verloren.
Seine Söhne Taib Gazlan und Tawor werden ihn vertreten.

Mersuch XIX-37 (genannt Sheitan) mit seinem Besitzer Peter Windrath.   Fotos (2): Erwin Escher

Mersuch XIX-37 (Sheitan) 1987-2013

Mersuch XIX-37 wurde am 13.5.1987 im Staatsgestüt Radautz a.d. 290 El'Sbaa VIII-5 geboren. 1990 importierte ihn Herr Walter Dill. Peter Windrath sah ihn in Herzberg am Harz und kaufte ihn. Sheitan, wie Peter Windraht den Hengst nun nannte, und er wurden Freunde. Der Hengst prägte das Gestüt »Delle Riva«. Seine Tochter Saria Hava ist im Distanzsport bis 160 km erfolgreich gelaufen. Sein Nachfolger wird der Hengst Maalic Ibn Mersuch, gekört 2012 mit der Gesamtnote 7,38. 2013 bei der HLP in Stadl Paura Siegerhengst mit der Note 8,29. Sheitan war immerhin 22 Jahre Begleiter und Freund von Peter Windraht. Er wird vermisst.   I.Z.

Mersuch XIX-37 (genannt Sheitan) im Gestüt Delle Rive von Peter Windrath.

Stalllaterne
Kurzberichte aus der Welt der Shagya-Araber

Hengstleistungsprüfung im oberösterreichischen Pferdezentrum Stadl-Paura

Die Stationsprüfung 2013 für arabische Hengste im Pferdezentrum Stadl-Paura sah sehr gute Leistungen. Alle fünf angetretenen Hengste konnten die Prüfung mit einer klar positiven Wertnote abschließen. Die Prüfung an sich ist sehr anspruchsvoll, beinhaltet sie doch neben der Beurteilung der Interieureigenschaften (Charakter, Konstitution) durch den Trainingsleiter. Hinzu kommen die Grundgangartenprüfung und dem Freispringen, noch einen standardisierten Konditionstest, einen Fremdreitertest und die Abschlussprüfung mit Geländestrecke und Rennbahn. Für die Ausbildung und Beritt ist das Team um Rudolf Krippl (Ausbildungsleiter im Pferdezentrum Stadl-Paura) zuständig.

Stadl Paura: Der glückliche Besitzer Peter Windrath mit seinem von ihm gezogenen Siegerhengst Maalic Ibn Mersuch.

Auch in diese Richtung ein Kompliment für den schonenden und fördernden Aufbau der Pferde. 2013 nahmen zwei Shagya-Araberhengste, ein Partbred Araber Hengst

Platz	Lebensnr.:	Pferd (Kat.Nr.)	Vater/Muttervater	Besitzer	Wertnote
1.	CH-ShA/8/08	**Maalic Ibn Mersuch (129)**	Mersuch XIX-37/O´Bajan XVIII	H. Peter Windrath, 33081 Aviano	8,29
2.	AT-405-78007-08	**Jameel (127)**	Azal Ibn Amir/Largo´s Legend SCR	Johannes Bilgeri, 6672 Nesswelwängle	7,70
3.	OE-AV 3954	**Mr Hamady el Hadiyah (130)**	AL HaHadiyah AA/Abbas Pasha I	Norbert Pichler, 8720 Knittelfeld	7,37
4.	AT-405-7404-04	**Koheilan-404 (Kaffi Fan)* (128)**	Koheilan IV-2/Wahhabit	Karoline Triebelnig, 9815 Kolbnitz	7,33
5.	OE-AV 3121	**El Rustaan (126) ***	Bacalito/Nabil ibn Nazeefa	Sybille Paula Schneider, 4644 Ohlsdorf	7,11

Stadl Paura: Ergebnistabelle der Hengstleistungsprüfung 2013.

HLP in Stadl-Paura
Oben: Maalic Ibn Mersuch auf der Rennbahn.
Unten: Shagya-Araber-Hengst Koheilan 404 v. Koheilan IV-2 a.d. Korana v. Wahabit AV im Galopp auf der Rennbahn.
Fotos (3): Dr. Peter Zechner

und zwei Vollblutaraberhengste an der Prüfung teil. An der Spitze als Siegerhengst stand unangefochten der Shagya-Araberhengst Maalic Ibn Mersuch (Mersuch XIX-37, a.d. O'Bajan XVIII-9 v. O'Bajan XVIII), aus der Zucht von Peter Windrath in Aviano, Italien. Der bereits im Vorjahr solide gekörte Hengst konnte sich hervorragend bestätigen und punktete in allen Bereichen. Besonders hervorgehoben wurde seine exzellente Rittigkeit und ebensolche Charaktereigenschaften. Er zeigte sich besonders nahe dem aktuellen Zuchtziel der Shagya-Araberrasse als Reit- und Sportpferd im arabischen Typ. Der zweite teilnehmende Shagya-Araberhengst Koheilan 404 (Koheilan IV-2, a.d. Korana v. Wahabit ox), aus der Zucht von Franz Theiler und im Besitz von Karoline Triebelnig aus Kolbnitz, ist ein typstarker Hengst,

der sich in allen Bereichen ausgeglichen und leistungsbereit zeigte.

Dr. Peter Zechner

Zentrale Stutbuchaufnahme und Hengstanerkennung 2013

Am 20.7.2013 fand auf Gut Lheiten von Frau Dr. Alrune Amstler in Amstetten/Oberösterreich die diesjährige zentrale Stutbuchaufnahme und Hengstanerkennung statt. Insgesamt wurden der Eintragungskommission neun Shagya-Araber Stuten und fünf Shagya-Araber Hengste vorgestellt.

Der erste Programmpunkt war das Messen und Mustern sowie die Hartplatzmusterung der einzutragenden Pferde. Anschließend werden diese an der Hand und im Freilauf in der Halle vorgestellt und Bewertet. Alle vorgestellten Stuten, durchwegs unterschiedliche Typen, konnten in das Stutbuch eingetragen werden. Von den Hengsten erhielten drei das Urteil gekört.

Zum Siegerhengst mit einer Note von 7,38 Punkten wurde der vierjährige Shagya-913 (Shaman) v. Sahman a.d. Saida (Mersuch XIX-37 a.d. 42 Shagya XLIII) erkoren. Dieser abgedrehte und mit den Maßen 154/161/172/20,0 ausgestattete gangstarke Schimmel aus der

Amstetten: Siegerhengst der Körung: Shagya 913 (Shaman) geb. 2009, v. Sahnam a.d. Saida (Mersuch XIX-37). Zucht u. Besitz: Peter Windrath. Foto: ÖAZV

Zucht und im Besitz von Peter Windrath, Aviano, Italien, gehört der Stutenfamilie der 131 Moldauerin geb. 1783 Bukowina (Rad. Stutenfam. XLVII) an und ist eintragungsfähig in das Hengstbuch des ÖAZV.

Erst nach abgelegter Hengstleistungsprüfung kann Shagya-913 (Shaman) als Zuchthengst eingetragen werden. Das wäre ihm zu wünschen.

Den zweiten Platz mit einer Note von 7,16 erreichte der fünfjährige O'Bajan-819 (Ovid) v. Or-Kahn a.d. Laila (Djardan a.d. Grija) aus der Zucht und im Besitz von Herrn Ing. Rudolf Meindl, Lengau, Österreich. Ausgestattet mit den Ma-

Wir gratulieren Frau Zeunert...

Shagyas & Friends

Unsere familiäre Shagyaraberzucht hat zwei bezaubernde Dartanfohlen, wir sind ganz verliebt ♥ und haben einen Aufzuchtplatz für ein Hengstfohlen aus 2013 frei!

www.shagyasandfriends.de und grüßen alle Shagyaraberfreunde...

Amstetten
Oben: O'Bajan-819 (Ovid), geb. 2008 v. Or-Khan a.d. Laila v. Djardan. Zucht u. Besitzer: Ing. Rudolf Meindl.
Foto: Bojan Djordjevic
Unten: Koheilan-404 (Kaffi Fan), geb. 2004 v. Koheilan IV-2 a.d. Korana v. Wahhabit AV. Züchter: Ing. Franz Theiler. Besitzer: Karoline Triebelnig.
Foto: ÖAZV

ßen 159/167/197/20,0 konnte der großrahmige, gangstarke, braune Hengst beim zweiten Anlauf nach 2012 diesmal die Eintragungskommission überzeugen. Er gehört der Stutenfamilie der 8 Radautz geb. 1806 (Rad. Stutenfam. VI) an. O'Bajan-819 (Ovid) legte 2012 mit einer Wertnote von 7,61 Punkten die Hengstleistungsprüfung in Stadl Paura (30-Tage Stationsprüfung) ab und wurde somit in das Hengstbuch I des ÖAZV eingetragen.

Den dritten Platz erreichte mit einer Wertnote von 7,00 Punkten der neunjährige Koheilan-404 (Kaffi Fan) v. Koheilan IV-2 a.d. Korana (Wahhabit a.d. Ghalion Kajana), Stutenfamilie 30 Maria geb. 1842. Gezogen wurde dieser typvolle dunkelbraune Hengst mit den Maßen 154/159/175/20,0 von Ing. Franz Theiler, Hartberg, Österreich. Er ist im Besitz von Frau Karoline Triebelnig aus Kolbnitz, Österreich. Auch dieser Hengst konnte die Eintragungskommission beim zweiten Anlauf nach 2011 überzeugen. Koheilan-404 (Kaffi Fan) legte 2013 mit einer Wertnote von 7,38 Punkten nach 5 Prozent Altersabzug die Hengstleistungsprüfung in Stadl Paura (30-Tage-Stationsprüfung) ab und wurde somit in das Hengstbuch I des ÖAZV eingetragen.

Somit erhielten drei Hengste aus folgenden drei verschiedenen Vaterstämmen, Shagya or.ar. geb. 1830, Importier 1836, sowie O'Bajan or.ar. geb. 1881 Importiert 1885 und Koheilan Adjuze or.ar. geb., 1876, Importiert 1885, das Urteil gekört.
Karl Hemmer

Reitertag in Wehe 2013

Am 25.8.2013 fand wie alle zwei Jahre der Weher Reitertag auf dem Schützenplatz statt. Auch in diesem Jahr nahmen die Shagya-Araber aus Wehe (Stadt Rahden) wieder teil: Santana II v. Gadar, Saladin v. Pamour, Simsalabim v. Monsun und Darie v. Dahoman XXXIX. Sie wurden in verschiedenen Turnierprüfungen und im Schauprogramm gezeigt.

Saladin startete den Tag unter Jule Schwidop direkt mit einem dritten Platz in der Stilspring-

Reitertag in Wehe 2013
Oben: Juli Schwidop belegte mit Saladin Platz 3 im Stilspringen Klasse E.
Mitte: Santana II mit Maja Schwidop im Sattel wurde Siegerin in der Kostüm-Dessurkür.
Unten: Simsalabim unter Kathleen Rochel belegte Platz zwei hinter ihrer Mutter.
Fotos (3): Mareike Placke

prüfung Kl. E. Im Springen mit Torwandschießen bildeten Saladin, Jule Schwidop und Jan-Malte Placke das Siegerteam.

Die Dressurkür zu Musik und Kostüm ist jedes Jahr die Königsprüfung bei diesem Turnier. Einige junge Reiterinnen haben auch in diesem Jahr tolle Choreographien einstudiert. Die 22 jährige Santana II konnte unter ihrer Reiterin Maja Schwidop diese Prüfung für sich entscheiden. Sie verdrängte damit ihre Tochter Simsalabim unter Kathleen Rochel auf Platz 2 und ihren Sohn Saladin unter Jule Schwidop auf Platz 3.

Im Weher Cup, eine kombinierte Wertung der Stilspringprüfung Kl. E, einer Geschicklichkeit auf Zeit und der Dressurkür, errang Saladin unter Jule Schwidop den dritten Platz.

Später im Schauprogramm »Klein und Groß im Pferdefieber« zeigte die Shagya-Araber-Stute Darie unter ihrem Besitzer Torsten Wessel ein Pas de deux mit der Westfalenstute Fiene Deern. Die drei schimmeligen Shagya-Araber aus Wehe präsentierten sich dort nochmals in einem Jagdschaubild.

Aira v. Bartok a.d. Alia mit Stutfohlen Aella. Foto: Katrin Märkle

Am Ende des Tages konnten die vier Freunde ihre Erfolge noch in der Abendsonne auf der Weide feiern. An diesem Tag zeigte sich wieder, dass der Shagya-Araber ein leistungsbereiter Partner im Freizeitsport ist. *Mareike Placke*

Aira bekam ein Stutfohlen

Eine der letzten noch lebenden Töchter des Elitehengstes Bartok, die Stute Aira a.d. Elitestute Alia, hat mit 21 Jahren im Juni 2013 das Stutfohlen Aella zur Welt gebracht. Aella ist vom Rapphengst Nahat v. Elitehengst Jeremias. Sie ist die Halbschwester von Athos KM. Das Team Rückenwind und Frau Märkle freuen sich über den Nachwuchs. *Ingrid Zeunert*

Hugo Nagel wurde 85 Jahre alt

Am 15.1.2014 hatte Hugo Nagel seinen 85. Geburtstag. Zu diesem Anlass wurde ihm vom VZAP die Ehrenmitgliedschaft verliehen. Für seinen ständigen Einsatz bei den Shagya-Arabern gebührt ihm der Dank aller ShA-Züchter und Freunde. Herzliche Gratulation, Gesundheit, Glück und Freude mit Ihren Shagya-Arabern wünscht Ihnen *Ihre Ingrid Zeunert*

Hugo Nagel (links) im Fachgespräch mit Peter Schnider. Foto: Ingrid Zeunert

Hansjörg Biehler
* 17.12.1938 - † 4.3.2014

Er war ein Shagya-Araber-Züchter der ersten Stunde. Sein Hengst war Faron Ibn Farag, geb. 1973, v. Farag. or.ar. a.d. 58 Obajan XIII. Er hat die HLP auf dem Klosterhof Medingen erfolgreich abgelegt.

Hansjörg Biehler als Kunstmaler.   Privatfotos   *Hansjörg Biehler als Shagya-Araber-Züchter.*

Seine beste Stute war wohl Aika v. Hassan (Polen) a.d. Azanja V (Jugoslawien). Das Ambiente seiner Zucht, das Hofgut Bodenwald, war einzigartig, geradezu wie in einem Traum von mir, in dem sich arabische Schimmel in einem Park mit dunklen Wisenten tummelten. Auf dem Bodanrück, der am westlichen Ende des Bodensees gelegen ist, grasten weiße Shagya-Araber und tiefbraune Bisons nebeneinander. Das war ganz nach dem künstlerischen Geschmack von meinem Freund Hansjörg. Er war ein begabter Maler. Mit großer Leidenschaft hat er historische Gebäude und besonders Kirchen restauriert. Es gibt viele atmosphärische Gemälde südlicher Landschaften in wunderbaren Farben von ihm.

In der Geflügelzucht hat er mit züchterischem Spürsinn Hühner- und Taubenrassen veredelt. Immer wieder gewann er Sieger-Pokale.

Er genoss seine große Familie mit den vier Kindern und den sieben Enkeln.

Es war ein reiches Leben, das er führte. Seine Frau Brigitta, die Familie und all die vielen Freunde trauern sehr um ihn. *Dr. Walter Huber*

ZSAA-Körung in Alsfeld 2014

Im Körlot war 2014 nur ein Shagya-Araber gemeldet: Darius geb. 1997 v. Djardan a. d. Siska v. Grand Gazal. Er wurde vom ZSAA mit der Note 7,4 anerkannt. Der Hengst war bereits 2000 in Österreich Körungssieger in Stadl Paura. Seine HLP hat er auch in Stadl Paura mit 118,69 Punkten abgelegt. Aus seinem Zuchteinsatz in Österreich hinterlässt er mit Dahran a.d. Rapina v. Raon einen gekörten und leistungsgeprüften Sohn. Er wurde 2012 von Familie Feuerpeil importiert. Sein erstes Fohlen in Deutschland wird 2014 erwartet.   *Ingrid Zeunert*

ZSAA-Körung: Darius v. Djardan a.d. Siska im Besitz von Familie Feuerpeil. Foto: Betty Finke

Nahat

Nahat ist einer der letzten Söhne vom Elitehengst Jeremias. Er wurde noch bei Frau Pack geboren. Körung in Aachen 1999. HLP in Stadl Paura mit der Note 7,42.

Nahat ist seit zwei Jahren im Besitz von Frau Maike Trendl (Gestüt Alia). Aus seiner ersten Decksaison bei Frau Trendl wurden 2013 fünf Fohlen bei fünf Bedeckungen geboren, vier Stut- und ein Hengstfohlen. 2014 steht Nahat nun auch für Fremdstuten zur Verfügung. IZ

Nahat v. Jeremias.
Foto: Maike Trendl

»Shagya-Araber«
im Internet:
www.Zeunert.de

Samantha hält etwas Abstand. von den Kindern, aber das Fohlen Santana ist neugierig.

Kinder, die zu Besucht kamen um die Fohlen zu sehen, wurden ebenfall begutachtet.

Hilfe! Onida will Jannes Schnuller haben.

Meinetwegen, da hast du den Schnuller.

Fotos (4): Anja Persicke

Kinder und Fohlen

Als 2013 die beiden Fohlen von Dartan bei Familie Persicke geboren wurden war die Freude nicht nur bei den Kindern, sondern wie es scheint, auch bei den Fohlen groß. Das Stutfohlen Onida v. Dartan a.d. Ophelia hat die Kinder ganz genau in Augenschein genommen. Besonders die Haare von Janne wurde geprüft. Ob man daran vielleicht ziehen kann? Janne hat dem Fohlen sogar ihren Schnuller angeboten. Aber Janne hat auch die Pferdemutter Ophelia ganz lieb. Samantha mit ihrem Hengstfohlen Santana v. Dartan hat lieber etwas Abstand gehalten, obwohl der junge Mann gern mitgemacht hätte. IZ

Hoffest im Gestüt Eichenhof in Wutzetz

Es ist immer richtig was los, wenn die Familie Orgis auf das Gestüt einlädt. Der Eichenhof ist ja auch eine richtige große Pferde-Familie, wo sich alle mit Fantasie und Engagement einbringen. Da treten Jugendliche und Erwachsene in selbst erdachten fantasievollen Kostümen zur Prämierung gegeneinander an. Karsten Orgis, der Chef, bietet mit Silvio Küter

Gestüt Eichenhof: Steppenrind »Donnerstag« vor dem »Notarztwagen«.   Foto: Severin Klisch

einen Fechtkampf mit dem Degen. Pferdehirten (ungarisch: Csikós) preschen in wehender blauer Gewandung über den Platz. Steppenrind »Donnerstag« ist mit dem Notarztwagen zum Einsatz bereit. Tochter Vivian Orgis bezaubert mit Salazar S als Elfe, und es wird in atemberaubender Pace über Feuer gesprungen.

Für die Besucher ist bestens gesorgt. Das Gulasch brodelt über offene Feuer, von Csabá lecker zubereitet.   *Dr. Walter Huber*

Kampf der Husaren: Silvio Küter auf Windfürst und Karsten Orgis auf Milan.   Foto: Heike Küter

Die Czikós-Gruppe wartt auf ihren Auftritt.   Foto: Dr. Walter Huber

Die sechsjährige Malin Ismer bei der Dressurkür auf ihrem Pony.

Siegerin der Herzen

Das Arabergestüt Ismer hat nicht nur Pferdenachzucht, sondern auch tollen Kindernachwuchs. Zum dritten Mal nahm Malin Ismer am Reitertag in Wehe (Stadt Rahden) teil. 2009 begeisterte die damals Zweijährige bereits das Publikum als Pippi Langstrumpf in der Führzügelklasse. 2011 kamen die Töchter von Tanja und Mark Ismer bereits im Doppelpack und räumten den Preis für die schönste Kostümierung in der Führzügelklasse ab. In diesem Jahr trauten die Zuschauer und Richter ihren Augen nicht, als die sechsjährige Malin Ismer ihr Pony in der Dressurkür ritt. Tanja Ismer empfahl ihrer Tochter zwar in ihrem Alter doch lieber noch Führzügel zu reiten, diese wollte aber unbedingt eine eigene Kür einstudieren. Die sechsjährige Malin stellte damit einige erwachsene Reiter in den Schatten und wurde für ihre Kür mit dem fünften Platz belohnt. Auch in der Sportstafette ließ sie es sich nicht nehmen über ein Hindernis zu springen, um so den schnelleren Weg zu wählen. Ihre kleine Schwester errang den zweiten Platz in der Führzügelklasse und im Geschicklichkeitswettbewerb. Man kann Tanja und Mark zu diesen Töchtern nur gratulieren! *Mareike Placke*